天津市国家级教学成果奖重点培育项目
（ 项目批准号：PYZJ—009）

职业院校
互联网学习生态建设的
实践与研究

耿洁 著

天津出版传媒集团
天津人民出版社

图书在版编目（CIP）数据

职业院校互联网学习生态建设的实践与研究 / 耿洁
著. -- 天津：天津人民出版社，2022.11
ISBN 978-7-201-18962-8

Ⅰ.①职… Ⅱ.①耿… Ⅲ.①职业教育—网络教育—
教学研究 Ⅳ.①G712.0

中国版本图书馆 CIP 数据核字(2022)第 201380 号

职业院校互联网学习生态建设的实践与研究

ZHIYE YUANXIAO HULIANWANG XUEXI SHENGTAI JIANSHE DE SHIJIAN YU YANJIU

出　　版	天津人民出版社	
出 版 人	刘　庆	
地　　址	天津市和平区西康路 35 号康岳大厦	
邮政编码	300051	
邮购电话	（022）23332459	
电子信箱	reader@tjrmcbs.com	

责任编辑	玮丽斯
装帧设计	卢炀炀

印　　刷	天津新华印务有限公司
经　　销	新华书店
开　　本	787毫米×1092毫米　1/16
印　　张	13.5
字　　数	200千字
版次印次	2022 年 11 月第 1 版　　2022 年 11 月第 1 次印刷
定　　价	58.00元

目录 Contents

第一章　互联网学习生态的研究背景

一、研究背景与成果简介

(一)研究背景

当前,全球新一轮科技革命引发产业变革和社会变革,互联网与各领域的融合发展已成为不可阻挡的时代潮流,正对世界各国经济社会发展产生战略性和全局性的影响。人工智能、大数据、区块链等技术迅猛发展,深刻改变教育形态和生态。智能环境不仅改变了教与学的方式,而且已经开始深入影响到教育的理念、文化和生态。

我国从2015年开始实施《国务院关于积极推进"互联网+"行动的指导意见》,加快推进"互联网+"发展,广泛推动互联网应用成为政务服务、产业升级、企业经营和技术应用等多领域创新发展的重要战略支撑,深度改变着生产、生活和学习方式。教育信息化作为教育系统性变革的内生变量,正在变革学与教的方式,加速推进互联网学习进程。

多年来,职业教育在信息化基础设施建设、数字资源建设与应用、教师信息素养提高等方面取得了成效,为职业院校互联网学习环境构建、资源应用打下基础。在《国家职业教育改革实施意见》《教育信息化2.0行动计划》等政策推动下,职业教育领域的互联网学习步入信息技术与教育教学深度融合发展的新阶段,优质资源进课堂、提升课堂教学质量等方面持续改进和提升,有效推动了职业院校教与学的质量与效率。

互联网学习是未来学习的一种趋势。本研究在理论层面上，以互联网思维视角探索构建职业院校互联网学习生态的理论，将创新性地丰富职业教育信息化的理论探索，切实推进职业院校信息技术与教育教学深度融合；在实践层面上，建设职业院校课堂教学与学习的良好生态是职业教育改革创新的一个重点和难点，本课题以职业院校互联网学习生态为核心开展研究，围绕职业院校混合式教学、网络学习空间建设与应用等具体实践形式，探索回答什么是职业院校互联网学习生态，怎样构建良好的互联网学习生态，以及互联网学习生态建设能发挥什么作用等问题，推动职业院校信息化从融合应用阶段迈入创新发展阶段。

（二）成果简介

信息化作为教育系统性变革的内生变量，正在变革学与教方式，加速推进互联网学习进程。数字资源是互联网学习持续进入课堂、改造课堂的重要引擎，数字资源建设是实现"信息技术与教育教学深度融合"的推进器。

针对大规模数字化资源开发建设标准、应用创新路径和评价缺失等问题，2011—2013年，教育部委托中国职教学会信息化工作委员会实施数字化资源共建共享计划项目，组建联盟和专业协作组，天津市教育科学研究院依托并承担该项目，经过资源建设、广泛应用、应用创新三个阶段，构建以标准为引领，以基础设施、数字资源、学习环境为支撑，以教师与学生能力提升为目标的资源建设应用创新模式，推进形成有理念、有标准、有资源、有机制、有评价、有模式的互联网学习生态。见图1—1。2019年该成果被确定为天津市国家级教学成果奖重点培育项目。

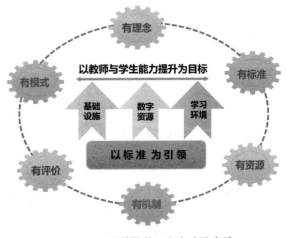

图1—1　互联网学习生态建设实践

　　成果用标准引领资源开发建设。建立资源开发建设的标准组织流程,以课题方式组织申报立项、建设和验收;建立资源类型和研发内容的标准操作流程,建设精品课程、视频公开课程、通用主题素材、管理信息系统和专业群落网站五类资源及其相关内容;研制印发管理办法、开发技术规范等制度标准。创新性地探索形成统一标准规范的资源开发建设路径。

　　成果聚共识创建共建共享机制。基于课程缺乏数字资源、开发建设意愿强烈、同专业的课程建设任务和内容相同等共性需求,形成"共识、共建、共用、共享"理念,创建了政、行、校、企、研广泛参与的联盟机制;按照"需求导向、多元共建、协同创新、交流共享"原则,严格立项和验收,建设大批与产业发展、职业岗位变化相匹配的资源,创新性地构建优势互补、协同创新、共赢发展的可持续共建共享机制。见图1—2。

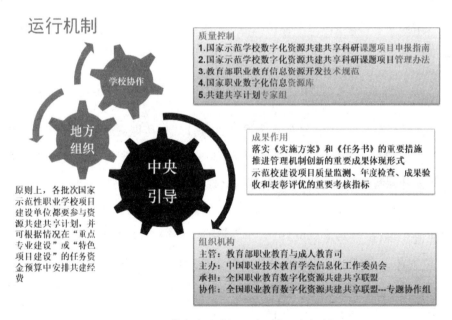

图1—2　数字资源建设共建共享运行机制

　　成果以评价推进应用融合创新。聚焦推进数字资源静态势能转化为课堂改革动能,研制出职业院校互联网学习评价EDM模型和发展水平指数。以评价为支撑,形成政府主导、行业指导、企业参与、学校创新的互联网学习推进模式,实现了高质量开发建设—多样性课堂应用—个性化教学(课堂)创新—全维度常态化监测评价。

经过11年的探索实践,形成中国职教资源共建共享模式样板,收获看得见、用得上、可持续的实践资源,提升学校教学质量和师生信息素养,涌现天津市第一商业学校等实力学校;收获理论资源,形成课题、论文、白皮书、著作权等;收获可示范、可推广模式,上千所职校应用、国内外重大活动推广、国家媒体宣传。

二、主要问题与解决方法

为了探索职业院校大规模数字资源建设,构建理念—数字资源建设—应用创新—评价一体、与基础设施建设和学习环境相适应的互联网学习生态,成果主要针对以下问题:一是大规模数字化资源开发建设标准缺失;二是数字资源应用创新路径缺失;三是数字资源应用的监测评价缺失。这三个问题是职业学校信息技术与课堂教学融合亟待破解的难题。

(一)形成以标准为引领的广泛参与、协同开放的共建共享格局

在教育部的指导下,研制印发共建共享计划科研课题项目管理办法、资源开发技术规范、视频公开课程研发与制作规范、课堂教学设计活页格式框架、视频公开课程拍摄脚本格式框架等一套标准规范。以国家示范性职业学校为骨干,联合国内知名专家,组建全国职业教育数字化资源共建共享联盟及73个专业协作组;参与共建单位79249个,其中职业院校、高等学校、研究机构等达1349所(家),合作办学生产型和服务型企业6600多家;共享单位3032个;协作组成员单位共同提供人员、技术、资源等,按统一政策和标准开发资源,资源供建设和申请共享单位使用。见图1—3。

(二)建立面向产业发展、政行企校研五方携手的共建共享机制

资源开发建设由政府引导、地方组织、校企研协作,按照"服务产业、需求导向、标准引领、共建共享"原则,在国家重点振兴的10大产业、7大战略性新兴产

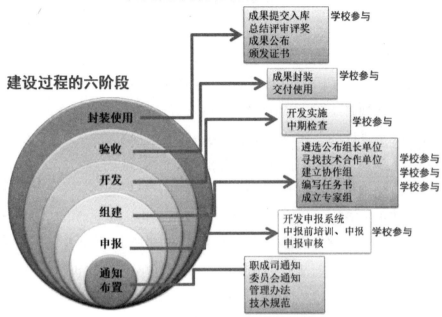

图1—3　数字资源建设共建共享项目建设流程标准

业以及现代制造业、现代农业和现代服务业等领域,遴选量大面广,人才紧缺,岗位急需的专业、课程和项目,开发包括网络课程、虚拟仿真实训单元、生产流程模拟软件、通用主题素材库等多种媒体形式的职业教育优质数字化信息资源,如电子应用技术、护理、数控、电子商务、物流、模具制造技术等专业。

搭建全国职业教育数字化资源共建共享协作组、"国家职业教育数字化信息资源库"框架体系、技术规范等可考评、看得见、用得上的资源建设载体,各类载体统筹设计、相互作用、自成体系,在全国范围内形成了可持续的资源共建共享机制。

(三)形成政府主导、行业指导、企业参与、学校创新的互联网学习推进模式

资源开发与建设最终落实在课堂教学应用与创新中。在资源开发同期,编制四套9个问卷,研制出职业院校互联网学习评价EDM模型和发展水平指

数。指数构建用了6年时间完成,经历了2014—2015年指标体系建立、2016—2018年全方位调研、2018年形成发展水平指数三个阶段。2014—2015年在教育部职成司和相关部门的领导和支持下,形成调研方案和问卷;2016年重点开展了全国首次职业院校互联网学习的基础设施、学习环境摸底调研;2017年重点围绕互联网学习中职业院校教师和学生两个主体开展了互联网学习体验与应用的专项调研;2018年重点围绕职业学校教师和学生互联网教学/学习的基本信息素养进行调研;2019年构建了职业教育互联网学习发展水平指数,并进行了专题调研。六年累计调研职业院校3200多所,师生近50万人次;编制四套9个问卷,收集典型案例50多个,提出相关建议20多条。

开发的数字化、立体化专业课程和教材,智能化、标准化的信息管理系统,易检索、通用性的教学主题素材库等极大地推进了课堂应用和教学改革,涌现出移动学习教学模式、基于学习空间的"双课堂"教学方法、突破课堂教学时空的MOODLE学习、O2O的混合式学习模式等一批应用创新案例。政府发文、行业企业参与建设和应用、学校应用创新,形成政府主导、行业指导、企业参与、学校创新的互联网学习推进模式。

四、成果创新与特点

本项目的创新见图1—4。

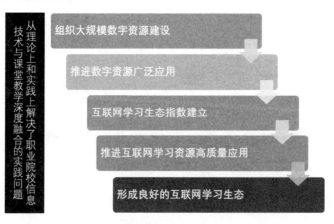

图1—4 职业院校互联网学习生态理论与实践创新

（一）制度创新，创建了优质数字资源开发建设的技术规范与标准

数字资源共建共享实施标准化管理，研发、创建国家示范性职业学校数字化资源共建共享计划科研课题项目管理办法、资源开发技术规范、人才培养方案模板、课堂教学大纲模板以及精品课程资源项目技术标准、通用主题素材项目技术标准要求等一系列支撑实施和规范资源开发应用的管理办法、技术规范和政策规定，形成了"国家职业教育数字化信息资源库"框架体系，且长期存在、持续运行、不断完善，成为后续资源建设的重要体制、机制、经验基础。通过制度创新，把规模优势转化为资源高质量建设与应用创新的新优势，推动职业院校课堂教学改革。

（二）机制创新，首创科研支撑、协同创新、共赢发展的共建共享机制

按照"统筹规划、合作共建、协同创新、成果共享"原则，统一资源建设规划、开发标准、成果认证、开放共享，经项目申请和教育部组织审核立项、验收，形成从课题申报到成果应用的一系列严格规范的工作程序，实现了多主体参与、高协作度的大规模建设应用平稳有效和高质量。批准立项课题331个，参与资源研究、开发和服务的学校教师、管理人员和专家15600名，正式课题组成员8413人，来自行业、企业、研究机构专家3500人次。共建共享机制促进学校优势互补、成果共同建设与分享，避免学校单兵作战、重复研究、无标准开发和低水平建设。在联合国教科文组织和教育部共同举办的"2015国际教育信息化大会"成果展示中确定为"首创大规模共建共享数字资源机制，开创'好资源、大共享'的新格局"。见图1—5。

（三）评价创新，率先构建了职业院校互联网学习评价框架EDM模型和发展水平指数

职业院校互联网学习评价框架EDM模型设置互联网学习满意度、适应性、适合性、支持服务度、需求支持度等，客观反映职业院校互联网学习基础设施建设、数字资源建设、师学使用数字资源情况；职业院校互联网学习发展水平

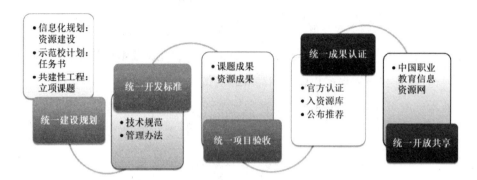

图1—5　数字资源建设共建共享项目建设原则

指数设置学习可接入性、学习环境、学习服务、学习动机、学习类型、学习效果、学习体验七个维度,整体展现数字资源对课堂教学的革命性影响效果,重点呈现教师和学生的应用水平和基本素养水平。由模型/指数大规模监测结果的全部内容纳入2016年至2020年教育部《中国互联网学习白皮书》中,并连续三年在《中国电化教育》发表,为持续深度分析职业院校互联网学习生态水平,准确判断未来职业院校互联网学习发展态势,提供了重要的技术和理论支撑。

五、应用推广效果

(一)形成重大实践成效

通过项目实施,建成高水平有质量数字资源,成长一批骨干教师和懂信息化的学校管理者,提升课堂教学质量和学生培养质量。不仅收获了即时建设的资源,还收获了可持续的标准、机制、模式,以及由此带来的学校教师和学生能力提升、学校实力提升,形成了溢出效应。

2011—2015年,研发成果主要有73个专业的600多门精品课程资源、5门文化基础课精品课程资源,318个视频公开课程及931个微视频,还有管理信息系统、通用主题素材库平台、专业群落网站等。通过技术培训、标准推广、开发研讨、课题研究等方式,培养了一批熟悉资源需求、了解技术标准、通晓资源开发、热心资源共享的教师骨干和学校管理骨干,已成为学校中坚力量。

出现一批资源建设应用创新学校,如天津市第一商业学校、天津第一轻工业学校、天津轻工职业技术学院等;获教学成果奖国家级6个,省部级13项;获国家级、省部级先进集体和个人等42项;师生获国家级竞赛奖33项,省部级11项。

(二)形成丰富理论成果

◆ 成果开发建设及应用创新过程中,先后出台管理办法、技术规范、技术标准等8套、成熟问卷9个、评价EDM模式1个和发展水平指标体系1套。

◆ 完成资源建设类课题331项,《精品课程建设促进职业教育优质教学路径研究》《职业院校数字化教学资源"模块式"开发理论研究》《基于互联网的天津职业教育管理研究》《"互联网+"在职业教育教学中的应用研究》等研究类课题35个。

◆ 系列白皮书5本。

◆ CSSCI核心期刊论文3篇。

◆ 专题硕士论文1篇。

◆ 其他论文17篇。

◆ 教学资源库系统、课堂教学互主互学管理信息系统软件等5项著作权。

(三)产生重大国内外影响

形成"可推广、可示范"的辐射效应。

◆ 教育部职成司、中国职教学会信息化工作委员会、天津市教委等印发文件13个。

◆ 成果在全国3000多所中职和高职院校中共享使用,且持续优化。

◆ 在联合国教科文组织和教育部举办的"2015国际教育信息化大会"上代表教育部职业教育学习资源成果展出。

◆ 2013年在教育部举办的国家中等职业教育改革发展示范学校建设现场交流会上展出。

◆ 共建共享项目纳入《教育部信息化"十三五"规划》。

◆《国家示范性职业学校数字化资源共建共享计划项目》画册成为2014年全国职业教育大会印发资料。

◆ 决策转化6项。转化为教育部、天津市相关文件等。

◆ 进入中国特色高水平高职学校和专业建设项目1项。

◆《远程教育杂志》对互联网学习评价进行专题人物采访2次。

◆ 先后12次在高级别会议或论坛会议中做经验推广发言。2015年、2017年、2018年、2019年中国教育信息化创新与发展论坛,2016年中国国际远程与继续教育大会,2019年(第十八届)中国远程教育大会,2013年中国职业技术教育学会学术年会等。

◆ 先后在新华社、《光明日报》、《中国青年报》、新华网、中国网、凤凰网、《中国职业技术教杂志》等国家级媒体杂志报道。

第二章 互联网学习生态概念与年度特征

一、互联网学习概念

"互联网学习"是《中国互联网学习白皮书》核心概念,指学习者利用互联网获得信息、习得知识、提高学习能力和问题解决能力、激发学习兴趣和学习动力、提升学习体验和自我价值实现水平的网络化学习。

互联网学习生态以标准为引领,以基础设施、数字资源、学习环境为支撑,以教师与学生能力提升为目标。职业院校互联网学习生态探索形成了有理念、有标准、有资源、有机制、有评价、有模式的建设实践。

二、年度特征词

(一)2016年度特征词

1.融合创新

为提升信息技术在职业教育中的效能,深化信息技术与职业教育的教学、实训、科研、管理的融合,强化教育信息化对教育教学的改革,解决困扰教学、管理、实训等的核心问题和难点问题,各地积极探索信息技术与教学、管理融合创新模式,用信息技术打造开放、互动、透明、安全的职业教育教学新模式,涌现出湖南"职教新干线"、辽宁"职业教育虚拟仿真实训系统"、北京"京学网"等一批地方模式,也涌现出天津电子信息职业技术学院"移动学习教学模式"、湖南铁路科技职业技术学院"双课堂教学"、常州刘国钧高等职业技术学校"多彩学习空间"、广东顺德职业技术学院"互联网+教学示范中心"等众多院校典型。

2.数字校园建设

为贯彻落实《教育信息化十年发展规划(2011—2020年)》关于"加强教育信息化标准规范制定和应用推广"的要求,国家中等职业教育改革发展示范学校建设计划项目将数字校园建设纳入重点建设任务中,国家高等职业教育骨干校建设也将数字校园建设项目列为重点。2015年,《职业院校数字校园建设规范》印发使用,2016年启动了职业院校数字校园实验校建设项目,共立项129所建设学校。职业院校数字校园建设坚持应用驱动,围绕创造信息化学习环境展开,包括基础环境建设、教师信息化教学能力、学生信息化学习能力、管理服务创新以及校企合作应用创新等。

3.专业教学资源建设

数字化教学资源建设是职业教育信息化推进过程中的重中之重。截至2015年底,高等职业教育专业教育教学资源库建设项目共投入4.4亿元,依托"数字校园学习平台"和"职业教育数字化学习中心"2个共享平台,支持建设了82个学生需求量大、专业分布面广、行业企业急需的职业教育专业教学资源库,覆盖了农林牧副渔、交通运输等18个专业大类,总计40余万条资源及494门课程。注册学员已38万多人,累计访问7000万人次。国家示范性职业学校数字化资源共建共享计划以国家示范性职业学校建设计划项目建设单位为骨干,组建"全国职业教育数字化资源共建共享联盟"及107个资源共建共享协作组,采用协作组成员共同出资建设、共同享有资源的方式,通过两期建设,共开发建设7大类成果,主要包括55个专业的600多门精品课程资源和4门文化基础课精品课程资源,318个视频公开课程及931个微视频,还有管理信息系统、教研科研信息库平台、通用主题素材库平台、专业群落网站;据不完全统计,一期参与共建单位(职业院校、研究机构、高等学校、软件企业)4249个,正式的课题组成员达到6413人,2900多家合作办学生产型和服务型企业参与研发,二期参与共建软件企业100余家,参与资源研发的合作办学生产型和服务型企业达到3700多家。国家示范性职业学校数字化资源共建共享计划在各级各类教育中首创大规模共建共享数字资源的机制。

（二）2017年度特征词

1.职业教育信息化发展指导意见

为深入贯彻落实《教育信息化"十三五"规划》，2017年8月31日《教育部关于进一步推进职业教育信息化发展的指导意见》（教职成〔2017〕4号）印发。这是继2012年5月4日《教育部关于加快推进职业教育信息化发展的意见》（教职成〔2012〕5号）之后，第二个关于职业教育信息化的文件。"教职成〔2017〕4号"文件再一次明确了全面落实推进职业教育信息化发展六项重点任务，即提升职业教育信息化基础能力、推动优质数字教育资源共建共享、深化教育教学模式创新、加快管理服务平台建设与应用、提升师生和管理者信息素养、增强网络与信息安全管控能力。

2.第三批"职业院校数字校园建设实验校"

为深入贯彻全国职业教育工作会议和教育信息化电视电话会议精神，落实《教育信息化十年发展规划（2011—2020年）》和《职业院校数字校园建设规范》，促进信息技术与职业教育深度融合，推动职业院校数字校园建设，加快推进职业教育现代化，根据"职业院校数字校园建设实验校"项目工作计划，中央电化教育馆下发了《关于遴选第三批职业院校数字校园建设实验校的通知》（教电馆〔2017〕81号）。在职业院校自愿申报、省级教育行政主管部门和电教机构审核推荐基础上，电教馆组织专家对各院校申报方案进行了评审，确定北京市劲松职业高中等148所院校为"第三批职业院校数字校园建设实验校"。2015年公布了首批129所实验校，2016年公布了第二批151所实验校，截至2017年，三批实验校共428所。职业院校数字校园建设实验校项目将有力推进职业院校信息化建设，全面提升职业院校教学、实训、科研、管理、服务等方面的信息化应用水平。

3.全国职业院校信息化教学大赛

全国职业院校信息化教学大赛是教育部主办的全国性职业院校教师参赛

的唯一赛事,是推动我国职业教育信息化的一项重要制度设计,自2010年以来,教育部每年举办全国职业院校信息化教学大赛。全国职业院校信息化教学大赛形成了国家、省、市、校四级赛事体系,有力地带动了职业院校广大教师信息化教学能力的提升。2017年全国职业院校信息化教学大赛于11月25—27日在山东济南举办,大赛分为中职组、高职组和军事组,每组均设立信息化教学设计赛项、信息化课堂教学赛项、信息化实训教学赛项,覆盖了中高职全部公共基础课程和专业门类,并在平面锉削、零件尺寸测量、手工点钞、食品雕刻等实践性教学展示信息化手段的应用,重点考察教师运用信息技术、数字资源和信息化教学环境,实施教学、解决难点、达成目标的能力。2017年大赛共收到36个参赛队和军事职业组的1586件参赛作品,涉及参赛教师4114名,参赛作品、参赛教师数量均创历届新高,比赛共决出一等奖160名,二等奖240名,三等奖415名。

(三)2018年度特征词

1.职业学校智慧校园建设

职业学校智慧校园建设是职业学校校园信息化发展的高级阶段和新的形态,代表着职业教育信息化发展的方向和趋势。2013年,江苏省教育厅与省经信委委托常州信息职业技术学院研制了《高等学校智慧校园建设与应用规范——江苏省地方标准》;2016年通过江苏省质量监督局审定,并报国家标准委员会正式发布实施。2015年,江苏省教育厅组织制订了《江苏省职业学校智慧校园建设评价指标体系(2015版)》,从"师生发展、应用服务、数字资源、基础设施、组织保障"五个方面指导和评价职业学校智慧校园建设。职业学校智慧校园建设紧紧围绕职业学校教育综合改革的总体战略目标,以信息技术与教育教学的深度融合为主线,以促进师生成长为根本宗旨,着力打造数字化、智能化校园环境,着力构建智慧教学、智慧管理和智慧服务模式。在职业学校中涌现了一批建设与应用的典型案例。

2.职业学校教学工作诊断与改进

为提高技术技能人才培养质量,2015年教育部《关于建立职业学校教学工作诊断和改进工作制度的通知》(教职成厅〔2015〕2号)决定从2015年秋季学期开始,逐步在全国职业学校推进建立教学工作诊断与改进制度;2016年确定天津市等18个省(区、市)的中高职学校开展教学诊改试点,并同步推广。教学工作诊断与改进坚持"需求导向、自我保证,多元诊断、重在改进"的工作方针,建立基于职业学校人才培养工作状态数据、学校自主诊改、教育行政部门根据需要抽样复核的工作机制,建立和完善职业学校内部质量保证体系,建立起职业学校的现代质量文化,保证学校的基本办学方向、基本办学条件、基本管理规范,推动职业学校人才培养质量的持续提高。

3.职业学校混合式教学

随着微课、慕课的迅猛发展,线上线下混合式教学受到越来越多职业学校的重视。《教育部关于进一步推进职业教育信息化发展的指导意见》明确了"到2020年,应用水平显著提高,网络学习空间全面普及,线上线下混合教学模式广泛应用,自主、泛在、个性化的学习普遍开展"。2018年《教育部关于第一批教育信息化试点验收结果的通报》中,湖南省长沙民政职业技术学院的"网络学习空间教学与管理应用模式创新探索"、山西省城乡建设学校的"职业教育远程教学模式探索"、辽宁警察学院的"信息化环境下教育培训模式创新探索"、江苏省南京工程高等职业学校的"实名制网络学习空间建设机制与应用模式探索"等职业学校的混合式教学试点工作均被评为优秀,取得了明显成效。

(四)2019年度特征词

1.《国家职业教育改革实施方案》

2019年2月13日,国务院印发《国家职业教育改革实施方案》,简称"职教20条"。"职教20条"明确提出,要将信息化建设列入学校办学标准;要健全专业教学资源库,建立共建共享平台资源认证标准和交易机制,进一步扩大优质资源覆盖面;要遴选认定一大批职业教育在线精品课程,开发与教材配套的信息化资源;要适应"互联网+职业教育"发展需求,运用现代信息技术改进教学方式方法,推进虚拟工厂等网络学习空间建设和普遍应用。"职教20条"是新时代职业教育深入改革的纲领性文件,从七个方面提出了20条措施,要求下大力气抓好职业教育,经过5~10年左右时间,职业教育基本完成由政府举办为主向政府统筹管理、社会多元办学的格局转变,由追求规模扩张向提高质量转变,由参照普通教育办学模式向企业社会参与、专业特色鲜明的类型教育转变,大幅提升新时代职业教育现代化水平,为促进经济社会发展和提高国家竞争力提供优质人才资源支撑。

2. 高职学校"双高计划"

2019年3月29日,教育部、财政部发布《关于实施中国特色高水平高职学校和专业建设计划的意见》,4月16日,两部委又印发《中国特色高水平高职学校和专业建设计划项目遴选管理办法(试行)》,高职学校"双高计划"正式启动。"双高计划"明确要求:加快智慧校园建设,促进信息技术和智能技术深度融入教育教学和管理服务全过程,改进教学、优化管理、提升绩效;消除信息孤岛,保证信息安全,综合运用大数据、人工智能等手段推进学校管理方式变革,提升管理效能和水平;以"信息技术+"升级传统专业,及时发展数字经济催生的新兴专业;适应"互联网+职业教育"需求,推进数字资源、优秀师资、教育数据共建共享,助力教育服务供给模式升级;提升师生信息素养,建设智慧课堂和虚拟工厂,广泛应用线上线下混合教学,促进自主、泛在、个性化学习。全国进入立项建设单位共197个。

3. 人工智能

2019年4月3日,人社部等三部委联合发布13个新职业,其中"人工智能工程技术人员"新职业位列第一,受到重大关注。2019年《政府工作报告》中出现了"人工智能"一词,并首次提出"智能+"。10月18日,教育部公布了《普通高等学校高等职业教育(专科)专业目录》2019年度增补专业名单,其中"人工智能技术服务"专业是9个增补专业之一。一批职业院校已经或正在将人工智能纳入计算机基础教学内容。人工智能的发展正在催生新职业和新专业,正在革新传统课程,人工智能的发展也正在为职业教育赋能,人工智能在职业教育领域上的应用正进入爆发期,相关产品正在快速进入职业院校与课堂,为职业学校教师利用人工智能技术实现教学创新提供了支撑。人工智能既给职业教育带来前所未有的挑战,又为职业教育的发展注入新的活力。

（五）2020年度特征词

1.职业教育提质培优行动计划

2020年9月,教育部等九部门印发《职业教育提质培优行动计划(2020—2023年)》,提出"实施职业教育信息化2.0建设行动"等十项重点任务。该计划要求,一是推进提升职业教育信息化建设水平,落实《职业院校数字校园规范》,推动各地研制校本数据中心建设指南,指导职业学校系统设计学校信息化整体解决方案。引导职业学校提升信息化基础能力,建设高速稳定的校园网络,联通校内行政、教学、科研、学生、后勤等应用系统,统筹建设一体化智能化教学、管理与服务平台。推动信息技术和智能技术深度融入学校管理全过程,大幅提高决策和管理的精准化科学化水平。落实网络安全责任制,增强网络与信息安全管控能力。遴选300所左右职业教育信息化标杆学校。二是推进信息技术与教育教学深度融合。主动适应科技革命和产业革命要求,以"信息技术+"升级传统专业,及时发展数字经济催生的新兴专业。鼓励职业学校利用现代信息技术推动人才培养模式改革,满足学生的多样化学习需求,大力推进"互联网+""智能+"教育新形态,推动教育教学变革创新。探索建设政府引导、市场参与的职业教育资源共建共享机制,服务课程开发、教学设计、教学实施、教学评价。建立健全共建共享的资源认证标准和交易机制,推进国家、省、校三级专业教学资源库建设应用,进一步扩大优质资源覆盖面。遴选100个左右示范性虚拟仿真实训基地;面向公共基础课和量大面广的专业(技能)课,分级遴选5000门左右职业教育在线精品课程。引导职业学校开展信息化全员培训,提升教师和管理人员的信息化能力,以及学生利用网络信息技术和优质在线资源进行自主学习的能力。

2.职业院校数字校园规范

为贯彻落实全国教育大会精神,落实《国家职业教育改革实施方案》《教育信息化"十三五"规划》和《教育信息化2.0行动计划》,发展"互联网+职业教育",规范、引导职业院校在新形势下的信息化工作,教育部于2020年6月16日制定《职业院校数字校园规范》。该《规范》是在2015年1月15日正式发布《职业院校数字校园建设规范》(教职成函〔2015〕1号)的基础上进行的修订,旨在促进职业院校数字校园从建设转向应用。《规范》共分为引言、总体要求、师生发展、数字资源、教育教学、管理服务、支撑条件、网络安全、组织体系、评价指标和附录等11个部分。

3."互联网+职业技能培训计划"

为坚决贯彻党中央、国务院决策部署,助力打赢新冠肺炎疫情防控阻击战,人力资源和社会保障部、财政部印发《关于实施职业技能提升行动"互联网+职业技能培训计划"的通知》(人社部发〔2020〕10号),决定在2020年至2021年实施职业技能提升行动"互联网+职业技能培训计划",鼓励支持广大劳动者参加线上职业技能培训。2020年,征集遴选50家以上面向全国的优质线上职业技能培训平台,推出覆盖100个以上职业(工种)的数字培训资源,全年开展100万人次以上的线上职业技能培训;到2021年,健全"互联网+职业技能培训"管理服务工作模式,构建线上培训资源充足、线上线下融合衔接、政策支持保障有力、监管有序到位的工作格局,进一步扩大线上培训规模,提高线上培训质量。创新培训方式方法,充分利用门户网站、移动APP、微信等多种渠道,扩大线上职业技能培训的覆盖面。将职业道德规范、通用职业素质、就业指导、工匠精神、质量意识、法律意识和相关法律法规、安全消防环保和健康卫生、疫病防控以及新知识、新技术、新工艺等内容纳入线上课程开发内容。

4.职业教育专业教学资源库

资源库是"互联网+职业教育"的重要实现形式,经过多年建设,已初步形成了国家、省、校三级互补的优质资源共建共享体系,其中国家级资源库203个,覆盖了高职(专科)19个专业大类。为坚决打赢疫情防控阻击战,在疫情防控期间"停课不停学",2020年2月11日,教育部职成司印发《关于在疫情防控期间充分利用职业教育专业教学资源库组织好职业院校在线教学活动的通知》(教职成司函〔2020〕5号),公布了职业教育专业教学资源库,要求各地在疫情防控期间充分利用职业教育专业教学资源库(以下简称资源库)组织好职业院校在线教学活动。同时要求,辖区内国家、省、校三级资源库主持单位主动担当作为,化压力为动力,变挑战为机遇,合力调配行业企业和职业院校资源,组建并扩大共建共享联盟,更大范围服务同类专业的线上教学。联盟内院校要共同制定并实施适应"互联网+职业教育"发展需求的专业人才培养方案,持续优化专业课程体系,不断更新优质专业教学和职业培训资源,对接国家1+X证书制度试点工作和国家学分银行建设,建立健全学习成果的认定、积累与转换机制,建立资源库建用结合的长效机制。

第三章　职业院校数字资源共建共享建设历程

一、数字资源共建共享项目制度建设

(一)国家示范性职业学校数字化资源共建共享计划实践概况

2010年6月,教育部、人力资源社会保障部、财政部三部委联合实施"国家中等职业教育改革发展示范学校建设计划",至2013年6月该计划共分三次审批通过了1000所中职学校进行示范校建设。示范校建设明确把数字化资源建设作为项目建设的关键任务。要求每一所学校必须具备功能较强、符合要求的软件平台;重点建设专业的公共基础课和主要专业课程都须开发网络课程及资源库,如试题库、电子教案等数字化资源。面对这些建设任务,学校普遍反映压力很大,都感到时间紧、任务重,要求高、经验少,工作多、人手少,如果每所学校自行建设需要耗费大量的人力、物力和财力。据示范校管理信息系统统计,在1000所示范校重点专业建设中,有322所学校进行"汽车运用与维修"专业建设,众多学校进行同一专业建设、开发相同专业和课程的数字化资源,重复建设问题严重。是每一所学校自己建设?还是聚集国内该专业力量共同建设?哪个更好?答案显而易见。

"国家示范性职业学校数字化资源共建共享计划"2011—2015年分两期在全国范围内实施。2011年9月教育部下发《关于实施国家示范性职业学校数字化资源共建共享计划的通知》(教职成司函〔2011〕202号),至2013年5月一期成果公布;2013年9月印发《关于实施国家示范性职业学校数字化资源共建共享计划(二期)的通知》(教职成司函〔2013〕197号),至2015年7月二期成果公布。

1.项目总体目标

"国家示范性职业学校数字化资源共建共享计划"到2011—2020年,以开放共享为总体目标,以协作共建为体制基础,以促进职业教育教学与信息技术全面深度融合为核心主线,开发支撑职业教育教学、实训、科研、服务和管理等关键业务创新的优质数字化资源。以共建共享为基础,持续开发结构合理、数量足够、质量一流的优质数字化资源,基本形成"国家职业教育数字化信息资源库";积极扩大资源建设参与单位规模,基本形成"全国职业教育数字化资源共建共享联盟";以机制创新为动力,基本形成覆盖中等、高等职业教育和各类技术技能培训的数字化资源汇聚、开发和共建共享机制;以实际应用为先导,基本形成"全国职业教育数字化信息资源公共服务体系",加快提高职业教育数字化资源开发的标准化、专业化和产业化水平,大幅提升全国职业学校与行业企业协作发展、共享资源和改革创新的能力。

2.项目重点任务

从2011年至2015年,按照"育人为本、服务产业、需求导向、标准引领、共建共享"的基本原则,依托国家示范性职业学校的人才、技术、资源和经验优势,在国家重点振兴产业、战略性新兴产业以及现代制造业、现代农业和现代服务业等领域,遴选量大面广、人才紧缺、岗位急需的专业、课程和项目,开发包括网络课程、虚拟仿真实训单元、生产流程模拟软件、名师名课音像制品、通用主题素材库、资源管理信息系统以及专业群落教育网站等多种媒体形式的职业教育优质数字化信息资源。共建共享主要有六大重点任务:一是开发精品网络课程;二是遴选视频公开课程;二是集成通用主题素材;四是创新资源共享平台;五是建设专业群落网站;六是制定资源技术规范。

3.项目工作机制

教育部委托中国职业技术教学会信息化工作委员会组织实施共建共享计划。项目在委员会牵头组织、协调下,以国家示范性职业学校建设计划项目建设单位为骨干,同时整合国内知名专家,整合全国优秀资源参与共建共享,形成了广泛参与、协同共建、开放共享的产教结合、校企合作、校校联盟的工作机制。通过申报、遴选、审核，组成了由申请数字化资源研发和共享使用单位共同组成的"全国职业教育数字化资源共建共享联盟"及107个资源共建共享专题协作组，各专题协作组由申报承担同类资源课题项目的单位组成，包括组长（组长单位）、副组长（副组长单位）和成员（成员单位），分别担任课题项目的课题负责人（课题负责人单位）、子课题负责人（子课题负责人单位）和课题组成员（课题组成员单位）。协作组组长、副组长和成员相对稳定，除完成本计划科研课题项目外，将长期存在，持续运行，不断开展本领域的研究、开发和共享工作，并可承担地方、行业、企业、学校及社会等方面的相关任务。

4.项目工作程序

共建共享计划坚持"政府主导、行业指导、企业参与、学校创新"机制，国家示范性职业学校、行业认证的软件企业和有条件的研究机构等牵头协作开发，所有协作组成员单位共同提供人员、技术、资源等支持条件，促进学校优势互补、协作共建、共享成果，避免学校单兵作战、重复研究、无标准开发和低水平建设。通过一期建设，形成了从课题申报到成果应用的一系列严格规范的工作程序。第一，课题项目申报。共建共享计划以课题形式立项建设，教育部设立国家示范性职业学校数字化资源共建共享计划科研课题项目；发布课题项目申报指南、共建共享申报书、申请使用成果申报书及优质资源征集评审要求。国家示范性职业学校立项单位、行业认证的软件企业和有条件的研究机构等提出课题项目立项申请，报教育部审核批复，审查确定并公布课题项目立项录。第二，共同协作开发。支持组建"全国职业教育数字化资源共建共享联盟"，申报同类建设任务并通过审核的单位共同组成联盟"专业协作组"，共同遴选组长单位，由其牵头开展共建工作；所有协作组成员单位共同提供人员、技术、资源等支持条件，按照国家教育资源建设政策、开发标准和技术规范协同落实开发任务。第三，认证推荐使用。按照国家教育资源建设政策、开发标准和技术规范，组织开展课题项目成果的评估验收，给予课题结题证书和项目成果认证；参与开发成果和申请使用成果资源的情况均可在国家示范性职业学校建设计划项目专家验收复核时予以认可；通过验收的课题项目成果资源,纳入"国家职业教育数字化信息资源库",予以公示推荐,供各地、行业、企业、学校、研究机构和社会等方面使用。第四,共享资源成果。通过依托信息资源网等方式,建设全国统一的职业教育数字化资源共享信息发布平台,共享通过验收并纳入"国家职业教育数字化信息资源库"的课题项目成果资源。第五,推进资源应用。开通"技能中国——MOODLE互动学习平台",各协作组利用各自开发的精品资源在平台上制作在线课程,供全国其他学校师生、企业职工和社区居民免费使用。

5.项目技术规范

为确保共建共享计划的顺利进行,依据教育部2012年发布的《教育管理信息教育管理基础代码》《教育管理信息教育管理基础信息》《教育管理信息教育行政管理信息》《教育管理信息普通中小学校管理信息》《教育管理信息中职学校管理信息》《教育管理信息高等学校管理信息》《教育管理信息教育统计信息》等7个教育信息化相关标准及教育部发布的《中等职业学校专业设置标准(2010年修订版)》《高等职业学校专业设置标准》《高等职业学校专业教学标准(试行)》等相关教育教学文件,制定了《国家示范性职业学校数字化资源共建共享计划科研课题项目管理办法》《国家示范性职业学校数字化资源共建共享计划资源开发技术规范》《全国职业院校视频公开课程研发与制作规范》等。此外,数字化精品课程的开发还遵循各个行业技术标准、企业标准、新职业岗位目录等。

(二)国家示范性职业学校数字化资源共建共享计划制度建设

1.《国家示范性职业学校数字化资源共建共享计划科研课题项目管理办法》(2013年修订节选)

(1)组织机构

委员会具体负责组织实施共建共享计划,承担全国职业教育数字化资源共建共享联盟办公室的日常工作,受理各单位课题立项申请,组织专家指导各协作组开展工作,协调资源的开发、管理和共享。

负责项目进度、资源质量和技术标准管理,指导各协作组及其成员单位管理项目、遴选技术支持单位,在教育教学改革、数字校园技术、课堂教学设计等领域统一安排集中培训,为共建共享计划提供信息发布平台、项目管理平台和经验交流平台,组织专家对各课题成果进行验收评价。负责将合格成果纳入"国家职业教育数字化信息资源库",并在全国范围内推进共享。

设立"全国职业教育数字化资源共建共享联盟",由资源共建研发和共享使用单位以及有关单位和专家共同组成;联盟办公室设在信息化工作委员会。根据课题项目申请、审核和设立情况,分别在联盟下设各协作组(×××课程协作组、×××管理信息系统协作组、×××通用主题素材协作组、×××专业群落网站协作组等)。

审定设立各协作组,主持遴选确定、动态调整协作组组长单位及成员单位,推荐专家支持各协作组的工作,组织、协调和管理各协作组的共建共享工作。

(2)资源类型与课题研发内容

——精品课程资源

资源类型和表现形式以网络课程为主体框架,具体形式由课题研究单位根据课程内容特点确定。根据专业情况,分批选择本专业课程进行资源开发,直至覆盖本专业的所有专业基础课和专业课。

以技术与教育融合为原则,根据实际需要分别采取虚拟现实、实物仿真、流程模拟和过程再造等前沿信息技术和先进教育策略开发标准化的高水平资源;鼓励以动画、三维、思维导图等形式集中突破专业知识教学重点、岗位技能训练难点和职业能力形成要点。

● 专业类精品课程资源

课程配套资源:已建设专业须补齐未开发的专业基础课和专业课,新增专业须选择6~10门专业基础课和专业课,开发网络课程、标准化课件积件包、考试试题、教师授课PPT电子教案、课程教学大纲或课程标准。

专业及行业公共资源:专业人才培养方案、通用主题素材(包括各专业的行业标准、实训项目、教学案例、考核试题、竞赛方案等)。

独立运行的仿真实训软件或生产流程模拟软件,网络版实训软件、专业教学工具软件。

数字化资源能够在本计划立项开发的"管理信息系统""通用主题素材"等项目相应的软件平台上使用。

● 公共基础课类精品课程资源

课程配套资源：除数学、语文、英语外，研发艺术、体育与健康等公共基础课的网络课程、标准化课件积件包、考试试题、教师授课用PPT电子教案、课程教学大纲。数字化资源能够在本计划立项开发的"管理信息系统""通用主题素材"等项目相应的软件平台管理下使用。

——视频公开课程资源

鼓励高水平示范性职业院校推选主讲教师，按照视频公开课程技术规范要求(由信息化工作委员会组织研制发布)，以项目教学、工学结合为导向，设计、讲授和录制视频课程，并可参加全国示范性职业院校视频公开课程竞赛和交流活动。

课程时长在30分钟~50分钟之间。内容安排必须能够体现完整的技术技能内容，取材于完整的生产项目、实际的岗位技能和关键的技术环节；内容、形式和技术质量有保证：必须能够引领职业学校教师教学、支持亿万青年学生学习、支持广大社区居民获得技能。

——通用主题素材资源

通过研发、征集和整合等方式，不断扩展、动态更新已开发主题素材内容，完善行业标准库、实训项目库、教学教改案例库、技能考核试题库、技能竞赛方案库等通用主题素材库。这些资源可以纳入到通用主题素材资源管理平台软件统一管理，提供公共查询检索服务。

——教研科研信息资源

根据职业教育科研需要，完善职业教育政策法规库、职业教育质量标准库、职业教育学术论文库、职业教育办学经验库、职业教育专家人才库等信息，由教研科研信息管理平台负责入库、浏览和查询。

——管理信息系统

根据学校管理需要，扩展和完善职业学校教务管理平台、网络教学管理平台、学校行政管理平台、校企合作管理平台、工学结合管理平台、实训基地(中心)管理平台、集团办学管理平台、教育质量监测评价平台以及政府公共项目管理平台等,作为职业学校数字校园核心应用软件支撑平台或资源管理重要应用软件。

——专业群落网站

在特定产业对应的专业群落,开发、建设和运行产教合作教育网,收集、发布和共享该产业升级、相关企业经营、职业岗位变化、技术进步和工艺革新等方面的国内外前沿信息,为本类型学校的专业调整、课程改革和教材应用创新提供信息支持。

(3)协作组成立

各课题的协作组负责该课题资源的建设规划、共建共享管理和课题经费管理,由课题组长单位具有财务审批权的负责人担任协作组组长。

各协作组由申报承担同类课题项目的单位组成,包括组长(组长单位)、副组长(副组长单位)和成员(成员单位),分别担任课题项目的课题负责人(课题负责人单位)、子课题负责人(子课题负责人单位)和课题组成员(课题组成员单位)。

各协作组组长(组长单位)、副组长(副组长单位)和成员(成员单位)相对稳定。在完成本计划科研课题项目后,协作组将长期存在,持续运行,不断开展本领域的研究、开发和共享工作,并可承担地方、行业、企业、学校及社会等方面的相关任务。

2.《国家示范性职业学校数字化资源共建共享计划资源开发技术规范》(V2.0节选)

为落实教育部《关于加快推进职业教育信息化发展的意见》(教职成〔2012〕5号),规范"国家示范性职业学校数字化资源共建共享计划"项目实施,引导全国各类职业教育数字化资源建设、应用与共享,管理数字化资源的规划、设计、研发、评价、应用等各项工作,实现资源的开放共享、持续开放和动态更新,制定了《国家示范性职业学校数字化资源共建共享计划资源开发技术规范》(V2.0)。技术规范主要内容:精品课程资源项目的资源种类及技术标准要

求;通用主题素材项目的资源种类及技术标准要求;教研科研信息项目的资源
种类及技术标准要求;管理信息系统类项目的技术标准要求;专业群落网站类
项目的基本功能及技术标准要求。

3.中等职业学校专业人才培养方案模板

详见附件1。

4.中等职业学校课程教学大纲模板

详见附件2。

5.视频公开课程课堂教学设计活页模板

详见附件3。

二、数字资源共建共享项目特点

(一)申报踊跃,项目量大

共建共享计划(一期)项目共有449所职业学校提交了1567份参加研制申
请,申请参研的项目达179个;共有507所学校提交了共享使用申请,申请使用
的项目达269个。共建共享计划(二期)项目共有239所职业学校提交了685份
参加研制申请,申请参研的项目140个;共有273所学校提交了共享使用申请,
申请使用的项目达157个。据统计,在1000所示范性职业院校中,两期共有
1292所次的职业学校申报了607个共建共享课题项目。

(二)多元主体,协作度高

参与共建单位数量大、类型多。共建共享计划(一期)共建单位共计4249
个,其中职业院校、研究机构、高等学校、软件企业参加数量达1349所(家),据
不完全统计,还有2900多家合作办学生产型和服务型企业参与了研发。参与
共建人员数量巨大,共有15600名学校教师、管理人员和专家参与了资源研究、
开发和服务,其中,正式的课题组成员达到6413人;来自行业、企业、学校、研究
机构的专家参与率达到3500人次。共建共享计划(二期)项目参与共建的软件

企业100余家;预计参与资源研发的合作办学生产型和服务型企业将达到3700多家。

(三)立项严格,规范研发

经各单位申请和教育部组织审核,共建共享计划(一期)批准立项86个,并组建86个项目协作组。共建共享计划(二期)批准立项课题245个。

所有立项课题均须按照《国家示范性职业学校数字化资源共建共享计划科研课题项目管理办法》《国家示范性职业学校数字化资源共建共享计划资源开发技术规范》《全国职业院校视频公开课程研发与制作规范》进行研发。

三、数字资源共建共享项目收获

共建共享项目研发成果共计6大类100个。其中,包括73个专业的600多门精品课程资源及5门文化基础课精品课程资源,318个视频公开课程及931个微视频,还有管理信息系统、通用主题素材库平台、专业群落网站等。项目的实施取得了综合性效益,全方位提升了职业教育的数字校园、电子政务和师生及管理者信息素养水平,适应了产业升级需求、企业经营现状、教育改革需要、文化创新要求和技术进步挑战,搭建了共建共享平台,收获了资源机制文化。

(一)收获了高质量的职业教育资源

通过共建共享计划的实施,开发了数字化、立体化的专业课程和教材;建成了智能化、标准化的信息管理系统;构建了易检索、通用性的教学主题素材库。这些数字课程资源、专业群落网站、管理系统等类型的资源,分别有针对性地服务于职业学校用户的教学实训、教育改革、管理服务等各个主要业务领域,对于职业学校提高教学质量、提升创新能力、加强教研科研、提高管理效率具有重要的支持作用。

在共建共享一期成果中,以北京市商业学校为协作组长的电子商务专业,依托共建共享成果,完成了"中高本衔接框架下的中职电子商务职业教育教学探索与实践",获得"2014年国家教学成果奖"一等奖的第一名。

(二)收获了可持续的资源建设机制

通过计划的实施,形成了"育人为本、服务产业、需求导向、标准引领、共建共享"的资源建设原则,开创了"政府主导、行业指导、企业参与、学校创新"的资源开发思路。在全国范围内形成了可持续的资源共建共享机制,包括如下主要载体:一是组建了"全国职业教育数字化资源共建共享联盟",设立了107个共建共享协作组;二是形成了"国家职业教育数字化信息资源库"框架体系,并具备了一定的数字资源基础;三是开通了"技能中国——MOODLE互动学习平台",各协作组利用各自资源向全国师生推送在线精品课程;四是丰富了"信息资源网"内容和功能,成为计划实施的信息发布平台和资源成果的共享平台;五是施行了一系列支撑共建共享计划实施和规范资源开发应用的管理办法、技术规范和政策规定。上述五大类型的看得见、用得上、可考评、可推广的资源建设载体统筹设计、相互作用、自成体系,共同构建了具有职业教育特色的资源共建共享机制,它们将长期存在、持续运行、不断完善,成为今后资源建设的重要体制、机制、经验基础。

(三)收获了高素质的资源开发团队

在计划实施过程中,通过计划管理、项目咨询、技术培训、标准推广、开发研讨、课题研究等方式,培养了一大批熟悉资源需求、了解技术标准、通晓资源开发、热心资源共享的人力资源团队。这些人员包括校外的行业专家、技术专家、教育专家,也包括学校的专业教师、技术骨干、正副校长和管理者,对于提高他们的教育教学、学校管理、科学研究水平、信息技术素养和应用能力起到了重要的作用。这些人员为今后推进职业教育改革创新、资源开发和职业教育信息化发展奠定了人力资源基础。

（四）收获了合理化的成本效益比率

这里的成本包括了人力、时间、资金和技术等多方面的投入，效益则包括了直接的资源成果以及在机制、经验等方面的价值。

第一，促进了"需求"与"供给"的结合，解决了最终用户不参与建设、不了解开发、不认同成果的问题。共建共享计划的实施，使得有"需求"的用户直接参与建设，将各自的需求体现在资源的设计、开发、验收个环节，实现了需方与供方的一体化。

第二，促进了"技术"与"教育"的结合，解决了教育与技术两张皮，资源成果针对性、特色性和实效性不足的问题。共建共享计划的实施，让示范性、高水平学校一起研究开发资源，向技术支持单位提出教学需求和技术要求，有利于教育与技术的密切结合。

第三，促进了"开发"与"使用"的结合，解决了资源成果无人认同、闲置不用的问题。共建共享计划的实施，使得资源在建设的同时已经确定了使用单位：一方面，参与研制的建设单位申请使用资源；另一方面，使用单位在立项之初就申请使用资源。

第四，促进了"数量"与"质量"的结合，解决了人力不足、时间不够、技术不强的问题。共建共享计划的实施，切实发挥"三个诸葛亮"的效应，100多所示范性、高水平职业院校合作共建一个专业，集中全国同类专业、同行同事的智慧、财力、人才、技术和信息，使得资源的建设呈现"多、快、好、省"的喜人局面。

第五，促进了"标准"与"创新"的结合，解决了标准不一难以共享、重复开发低水平的问题。共建共享计划的实施，遵循国家教育资源信息化行业标准，可以跨平台使用资源；同时，鼓励在标准基础上按照行业、专业和课程特点创新课程资源。

第六，促进了"投入"与"产出"的结合，解决了开发资金缺乏、经费效率低下的问题。共建共享计划的实施，使得共建单位和申请使用单位共同出资，申请共建和使用的单位越多，每个单位平均出资就越少。例如，平均一门网络课程和配套资源库的开发费用为15万元，如果一所学校开发一个专业的10门课程,需要 150 万元;如果 50 所学校共建共享一个专业的课程,每个学校只需出资 3 万元。按此案例的情形计算,开发成本减少了 50 倍!

(五)收获了综合性的学校发展实力

职业学校是资源共建共享的最大受益群体,他们通过参加资源研制和成果使用,普遍大幅度提高了综合办学能力。通过参加资源研制过程,共建共享项目学校成为国家级课题项目的承担单位,教师在课题研究中锻炼了能力、开阔了视野,积累了可以迁移的专业、课程和资源开发经验,形成跨地区同专业的同行圈子和合作伙伴,加强了学校之间的交流,整体提升了项目学校各自的知名度、开放性和影响力。通过共享使用资源成果,共建共享项目学校以很少的资金投入获得了数量巨大、类型多样、质量可靠的数字化资源,学校共享使用的数字课程资源、专业群落网站、管理系统等类型的资源,分别针对性地服务于学校教学实训、教育改革、管理服务等各个主要业务领域,整体提高了学校教育、教学、管理、服务和科研等业务的标准化、信息化和现代化水平。

(六)收获了现代化的共建共享文化

在大数据时代,人们坚信"握紧你的手,什么都没有;松开你的手,你将拥有整个世界";在信息化社会,事实证明"没有任何一种信息资源永远属于某一个人或某一个单位"。在全社会各个领域,人们之间的共建共享文化正在逐步形成。

共建共享作为一种资源建设机制,长期以来受到政府、学校和企业的推崇,但是鲜有成功之举,其中缺乏"共建共享文化"是以往类似工程项目以失败告终的关键所在。这次共建共享计划的实施,使得有关单位在共同任务书、共同利益点和共同管理规范基础上,找共识、聚合力、求共赢,优势互补、协同创新、共建共享优质资源,体现了这种共建共享文化的形成:成功的共建共享需要开放的思想、包容的心态、共赢的追求、交流的能力、协作的技能。通过这次计划实施,使得共建共享的精神深入人心,使得共建共享的价值成为现实,达到了变理论为实践、变理念为机制的效果。值得注意的是,经过这个计划的带动、这种机制的启发和这种共建共享文化的感召,一些专家学者、学会分支机构、软件企业和社会组织开始主动宣传共建共享理念、自觉展示共建共享计划成果、自主实施共建共享项目,并取得进展和成效。

四、数字资源共建共享项目影响

(一)国际重大会议活动展示

2015年5月22日至23日,数字资源共建共享计划项目成果在联合国教科文组织、教育部合作举办的"2015国际教育信息化大会"上代表教育部职业教育学习资源成果展出。

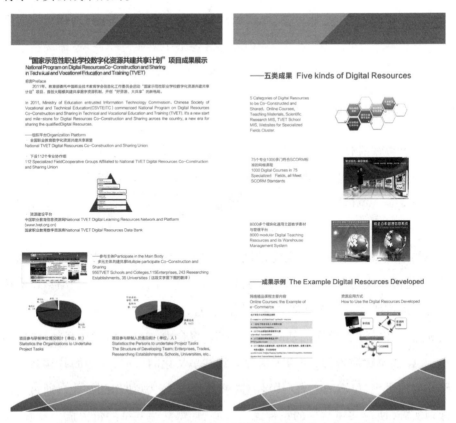

图3—1　共享计划项目成果在2015国际教育信息化大会上展示内容

（二）国内重大活动会议展示

1.2013年在国家中职教育改革发展示范学校建设现场交流会上展示

2013年12月23日，数字化资源共建共享成果在上海举办的国家中等职业教育改革发展示范学校建设现场交流会上进行展示。

数字化资源共建共享（一期）成果

● **一期项目共建规模**

——任务申请：申报踊跃，项目量大

- 共有449所职业学校提交参加研发申请1567份，申请研发项目179个。
- 共有507所学校提交了共享使用申请，申请使用的项目达269个。
- 一、二批示范性职业学校共有956所次申报了共建共享课题项目450个。

——批准立项：立项积极，协作度高

- 批准立项课题86个
- 组建项目协作组86个

——研制主体：多元广泛，校企共建

- 参与共建单位4249个，其中职业院校、研究机构、高校、企业1349所（家）。
- 据不完全统计，参与研发的合作办学生产型和服务型企业2900多家。
- 参与共建人员15600名，其中，正式课题组成员6413人。
- 来自行业、企业、学校、研究机构的专家参与率达到3500人次。

● **一期项目成果类型**

● **一期项目综合收益**

精品网络课程及资源库示例

信息技术与职业教育深度融合

职业学校与行业企业协同创新

让优质资源跨越时空共建共享

图3—2　共享计划项目成果在示范学校建设现场交流会上展示内容

图3—3　共享计划项目成果在示范学校建设现场交流会上展示照片

2.作为2014年全国职业教育大会会议印发资料

2014年6月23日至24日,国家示范性职业学校数字化资源共建共享计划收录到《国家中等职业教育改革发展示范校成果汇编》,2014年成为全国职业教育大会印发资料。

图3—4　共享计划项目成果收录到《国家中等职业教育改革发展示范校成果汇编》

图3—5　《成果汇编》展现资源建设总体情况

图3—6 《成果汇编》展现天津市中职示范校建设情况

图3—7　《成果汇编》展现数字化共建共享计划专业素材库建设情况

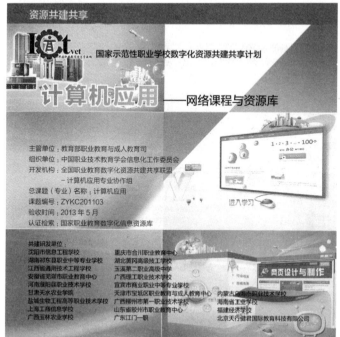

图3—8 天津中职学校参与共建共享计划项目情况

3.作为中国职教学会2015年学术年会会议资料

图3—9 数字化资源共建共享计划画册封面封底

图3—10　数字化资源共建共享计划画册目录与主要内容

（三）纳入到国家文件中

2016年6月7日，教育部发布《关于印发<教育信息化"十三五"规划>的通知》（教技〔2016〕2号）。文本中纳入相关内容"（四）加快探索数字教育资源服务供给模式，有效提升数字教育资源服务水平与能力——实施职业教育数字资源试点专项，国家示范性职业学校数字化资源共建共享计划，以先建后补方式继续开展'职业教育专业教学资源库'建设，推动职业院校广泛应用"。

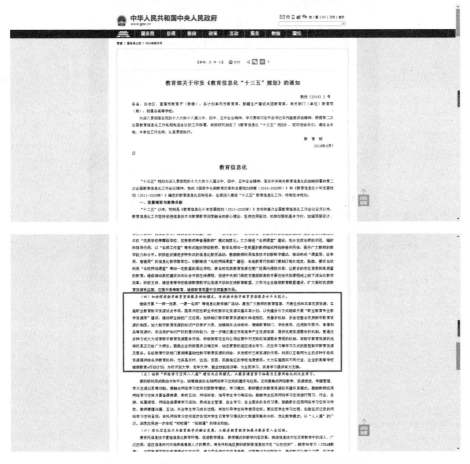

图3—11　数字化资源共建共享计划纳入到国家文件

（四）纳入国家重大报告

成果纳入吉利、史枫、王宇波撰写的《第二批国家中职示范学校建设发展报告》，发表于《中国职业技术教育》杂志2016年第19期第25—26页。

人，有27.8%的专任教师在建设期间参加过高水平培训。专业教师企业实践累计人天数达到948 509人天，人均15天，是建设前的1.3倍(如图17)。

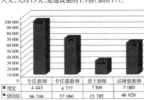

	专任教师	专任课教师	骨干教师	双师型教师
增量	4 443	4 777	7309	7 080
建设前	86 746	57 086	15 785	46 920

图14　师资队伍增量示意图

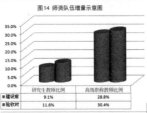

	研究生_教师比例	高级职称教师比例
建设前	9.1%	28.8%
验收时	11.6%	30.4%

图15　研究生、高级职称教师比例对比示意图

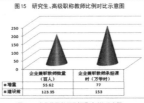

	企业兼职教师数量(百人)	企业兼职教师承担课时 (万学时)
增量	55.62	77
建设前	123.55	153

图16　企业兼职教师承担课时对比示意图

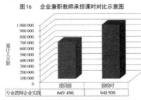

	培训前	验收时
专业教师企业实践	649 496	948 509

图17　专业教师企业实践累计人天数对比示意图

案例:

安徽马鞍山高级技工学校完善教师培养制度，落实教师赴企业实践制度，发挥名教引领作用，采取"师带徒""师生共研""大师讲堂""技能竞赛"等方式，广泛开展教师基本功大赛、说课比赛、公开课评选等活动，不断提升师资队伍整体水平。两年来，培养专业带头人8人、骨干教师22人、"双师型"教师53人，聘请兼职教师(企业专家)26人，参加国家和省级培训23人次，获得高级技师或技师职业资格42人，取得在读硕士学位19人。2人荣获安徽省五一劳动奖章，1人荣获安徽省技术能手称号，3人荣获安徽省青年岗位能手称号。

沈阳市化工学校实施名师引领工程、青蓝工程、双向挂职工程和骨干培养工程等"四大工程"，加强教学名师培养，促进青年教师成长，提升专业教师实践能力，形成了"骨干引领、任务驱动"的教师培养机制。培养了国家化工行业业务2名、省级名师2名、省级专业带头人1名、市级名师专家2名、市级首席教师3名、市级名师3名、沈阳市骨干教师28名、德国行业培训师4名、校级专业带头人10名，聘请企业兼职教师49名。打造了一支结构合理、素质优良、专兼结合的优秀教学团队。

(四)促进共建共享，数字化教学资源总量翻番

项目学校在加强信息化基础设施建设基础上，以"实施国家示范性职业学校数字化资源共建共享计划"为抓手，以合作共建为基础，以开放共享为目标，以促进职业教育教学与信息技术全面深度融合为主线，广泛参与、协同共建、开放共享，形成了产教结合、校企合作、校校联盟的工作机制，开发、公布和共享了一批支撑职业教育教学、实训、科研、服务和管理等关键业务的标准化、高水平的优质教育资源，调动了学生学习的积极性，提高了学生自主学习的能力和学习效率，增强了学生应用信息技术学习、工作的能力，加快了学校信息化建设步伐，提高了学校管理的规范化、现代化和信息化水平，推动了职业教育信息化进程。

第二批项目学校数字校园建设成效显著，校园网(主干网)带宽均达到1 000M水平;校园网节点达到646 196个，增长了74%;多媒体教室27 753间，增加了53%;数字化教学资源库的专业达到2 689个，是建设前的2倍;数字化专业课达到16 671门，是建设前的1.9倍;网络课程达到8 468门，是建

设前的5.6倍;多媒体数字教学资源总量超过2 605TB,与建设前相比实现了翻番(如图18)。

案例:

常州市刘国钧职业教育中心根据移动互联智慧校园建设思路,打造"一网、一库、一平台"的全方位智慧网络环境。整合素材级资源、课程级资源、专业级资源,数字化教学资源总量达到10.48TB。开放凤凰创意虚拟教学系统80门课程和15个不同专业仿真软件,创建9门精品课程、35门网络课程、29门信息化课程课程平台。建成面向全体师生的在线学习空间,打造全天候学习的智慧网络环境,惠及6 000名在校师生,以及辐射联办学校和企业社区。

(五)增强基础能力,校内实训工位增长1/3

在地方政府和举办方的大力支持下,项目学校大力加强基础能力建设,校内实训基地建设进步伐明显加快,办学条件显著改善,为提高技能人才培养质量奠定了良好基础。数据表明,第二批项目学校建筑总面积达3 728万平米,校均突破10万平米,增长了7%;教学仪器设备总值新增36.9亿元,校均新增设备值近1 000万元,增长了34.4%;校均新增实训室新增7 183个,校均新增19个,增长了34.6%;校内实训设备新增34.3亿元,校均新增924万元,增长了33.6%;新增校内实训工位近21万个,校均新增560个,增幅达到1/3(如图19)。

案例:

浙江科技工程学校本着"高起点规划、高标准建设、高效益运营"的原则,建设"管理集约化、教学职业化、项目生产化、评价无界化"的实训基地。两年来,投入3 000余万元新建电气实训大楼、虚拟商

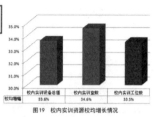

图19　校内实训资源校均增长情况

业社会环境VBSE综合实训中心、信息技术ITR产学研中心、嘉禾旅游产学实训中心、工业机器人应用实训中心等校内实训基地,校内实训室从131个增加到153个,实训设备总值从2 393万元增加到4 613万元(实训开出率99%以上),校内实训工位达到470个,增长62%。

(六)拓展交流合作,国际合作培养学生过万人

项目学校坚持"走出去"与"引进来"相结合,充分借鉴职业教育发达国家的办学理念,加大国际优质职教资源引进的力度,在专业建设、课程改革、师资培养等方面开展深入合作,结合中国企业"走出去"的需要,在学生培养、学生互换、学分互认等方面合作步伐明显加快,并在招收留学生方面取得重大突破。据统计,第二批项目学校国际合作开发专业264个,国际合作开发课程602门,国际合作编写教材128本,分别增长了1.1倍、1.7倍和4.1倍(如图20);引进国外想课程393门、引进国际证书193个,聘请外籍教师269人,分别增加了147%、91%和52%(如图21);国际合作培养学生14 053人,国外就业3 338人,接收外籍学生1 054人(如图22),都较建设前有明显提升。

案例:

黑河市职业技术教育中心学校充分发挥与俄罗斯新毗邻的区位优势,与俄罗斯布市护士学校、服务与贸易学校等6所学校以及俄罗斯阿州翻译行等7家企业进行国际合作,在对俄汉语和商务俄语、中俄民间艺术、中餐与西餐烹饪、中医与西医护理、口腔工艺与口腔医学5个领域建立深层次合作关系。两年来,与俄罗斯合作学校、企

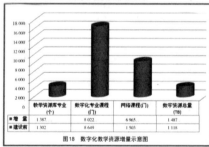

图18　数字化教学资源增量示意图

—26—

图3—12　数字化资源共建共享计划纳入到国家重大报告

(五)成果的决策转化

1.成为《天津市中等职业学校"十三五"期间教育信息化建设实施意见》决策参考

2016年6月,耿洁主笔《天津市中等职业教育信息化建设情况调查报告》转化为天津市教委文件《天津市中等职业学校"十三五"期间教育信息化建设实

施意见》。

2.成为《天津市教育信息化2.0行动计划》决策参考

2019年9月28日,参加《天津市教育信息化2.0行动计划》(津教政〔2019〕3号)起草,并主笔撰写相关报告。

(六)重大会议主旨发言

1.在中国职业技术教育学会2013年学术年会发言

2013年12月1日,在中国职业技术教育学会2013年学术年会发言,中国职业技术教育学会主办。

2.在第十五届中国教育信息化创新与发展论坛上发言

2015年,项目成果在杭州召开的"第十五届中国教育信息化创新与发展论坛"上做主题报告和典型案例报告。

3.在第十七届中国教育信息化创新与发展论坛上发言

2017年11月,受邀在武汉召开的"第十七届中国教育信息化创新与发展论坛"上做主题报告。

4.在第十八届中国教育信息化创新与发展论坛上发言

2018年11月,受邀在西安召开的"第十八届中国教育信息化创新与发展论坛"上做主题报告。

5.在第十九届中国教育信息化创新与发展论坛上发言

2019年6月,受邀在烟台召开的"第十九届中国教育信息化创新与发展论坛"上做主题报告。

五、职业教育数字资源建设特点

互联网学习的基础是资源,职业教育互联网学习资源与其他教育相比具有鲜明的职业教育特征。

（一）学习资源类别众多

职业教育是与经济、社会发展最紧密、最直接的教育,职业教育服务于国家经济社会发展和科技进步,服务于行业企业人才需求和学生就业创业,服务于职业生涯发展和终身学习,在职业学校专业体系中,专业大类要对应产业、专业类要对应行业、专业要对应职业岗位群或技术领域,突出职业性和教育属性,专业覆盖第一、二、三产业等众多领域。目前,中高职开设专业大类数百个,专业总数近2000个,因而,需围绕专业开发的职业教育互联网学习资源类别数量众多。以《普通高等学校高等职业教育（专科）专业目录（2015年）》为例,在高职专业中,涉及农林牧渔大类的第一产业专业51个,涉及资源环境与安全、能源动力与材料等8个专业大类的第二产业专业295个,涉及交通运输、电子信息等11个专业大类的第三产业专业401个;以此计算,高职可开发747个专业的互联网学习资源。

（二）学习资源类别变化快

我国处于工业化、信息化快速发展时期,产业结构调整、优化升级和技术进步非常迅速,一些产业、行业的新产品、新技术、新业态、新模式层出不穷。如高职专业为适应现代农业发展需要,设置了"现代农业技术""休闲农业""生态农业技术""农村经营管理""动物医学""绿色食品生产与检验"等专业;为适应先进制造业发展需要,围绕《中国制造20205》要求,设置了"工业机器人技术""物联网应用技术""物联网工程技术""智能产品开发""工业网络技术""无人机应用技术""新能源汽车技术""新能源装备技术"等专业;为适应现代服务业及新业态、新商业模式发展需要,设置了"互联网金融""移动商务""网络营销""品牌代理经营""冷链物流技术与管理""采购与供应管理""体育运营与管理""健身指导与管理""民族传统技艺""文化创意与策划"等专业。职业教育专业课程内容必须随着产业、行业变化而变化,及时增设与之匹配的学习资源类别,这对互联网学习资源的开发与配置提出了高要求。

（三）学习资源内容差异性大

职业教育专业设置及课程开发紧贴产业、行业和企业发展,各类专业的课程内容需要对接职业标准,教学过程需要对接生产过程,学历证书需要对接职业资格证书。同一专业的课程内容,因为不同区域发展水平、不同产品标准要求,开发的学习资源都会存在较大差异。同时,因职业教育包括学校教育与职业培训,同样的专业知识也会因资源使用对象不同,形成资源内容的差异。

（四）学习资源的实践性强

实践性是职业教育的一大特性,职业教育从办学模式、教学模式都要求产教结合、校企合作,课堂授课、实习实训强调与真实工作岗位的对接,因此,职业教育互联网学习资源也必须突出实践性。职业教育互联网学习资源的建设需要政府主导、行业指导、企业参与、校企共建共享。

第四章 互联网学习发展指数构建与监测

职业教育互联网学习发展水平指数构建用了6年时间完成,经历了2014—2015年指标体系建立、2016—2018年全方位调研、2018年形成发展水平指数三个阶段。2014—2015年在教育部职成司和相关部门的领导和支持下,形成调研方案和问卷;2016年重点开展了全国首次职业院校互联网学习的基础设施、学习环境摸底调研;2017年重点围绕互联网学习中职业院校教师和学生两个主体开展了互联网学习体验与应用的专项调研;2018年重点围绕职业学校教师和学生互联网教学/学习的基本信息素养进行调研;2019年构建了职业教育互联网学习发展水平指数,并进行了专题调研。六年累计调研职业院校3200多所,师生近50万人次;编制四套9个问卷,收集典型案例50多个,提出相关建议20多条。调研结果为编制《教育部关于进一步推进职业教育信息化发展的指导意见》(教职成〔2017〕4号)、《中国中等职业教育质量年度报告2018》等重大政策制定、项目方案提供了政策支撑和决策参考。

职业教育互联网学习发展水平指数是未来相当长一个时期衡量职业教育领域互联网学习发展程度的一种数据标准。指数从互联网学习环境、互联网学习开展、互联网学习者成熟度3个维度、9个指标、117个考察变量,反映职业院校教师和学生开展互联网学习的当年整体状况。

一、职业院校互联网学习的现状调研

2016年10月在教育部管理信息中心和教育部职成司统一协调下,对全国29个省、市、自治区(浙江、海南除外)的职业院校进行了"互联网学习"专项问卷调研,其中,有效的职业院校问卷1611份,有效的职业院校学生问卷197303份。调研从互联网学习的可接入性、学习环境、学习服务、学习者学习动机、学习者学习类型、学习效果、学习体验等七个维度,反映职业院校互联网学习发展的教育信息化关键特征,呈现职业教育互联网学习发展的当前态势。

(一)学校互联网学习可接入性

1.校园网建设

在参与调研的职业院校学校中,校园互联网接入率88.14%,9.81%的学校校园网主干带宽达到10000M,30.97%的学校校园网主干带宽达到或低于1000M,47.92%的学校接入到桌面带宽达到100M,66.60%的学校无线校园覆盖。见图4—1、图4—2、图4—3、图4—4。

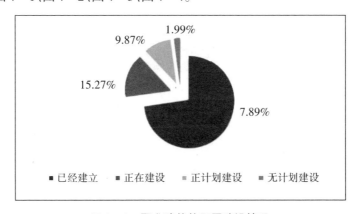

图4—1　职业院校校园网建设情况

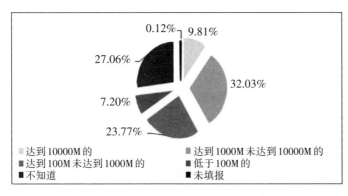

图4—2　职业院校校园网主干宽带情况

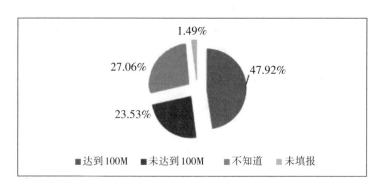

图4—3 职业院校校园网接入到桌面带宽情况

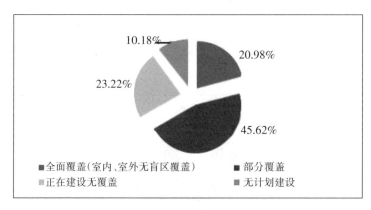

图4—4 职业院校无线校园覆盖情况

2.计算机数量

23.11%的学校每百名学生拥有计算机台数低于10台(不含10台),24.13%的学校每百名学生拥有计算机台数在10—20台(不含20台),13.59%的学校每百名学生拥有计算机台数在20—30台(不含30台),39.17%的学校每百名学生拥有计算机台数在30台及以上。

(二)学校互联网学习环境

1.上网教室

学校可上网教室占所有教室(含普通教室、多媒体室、实验室、实训室、多功能报告厅等)的比例最高100%,最低1%,平均值55.49%。在教室有线接入端口数或无线密集覆盖的学校中,31.28%的学校能全部满足所有学生上课使用网络教学资源(人均带宽2M以上),50.78%的学校部分满足。见图4—5。

图4—5 满足学生上课使用网络教学资源情况

2.信息系统

在支持互联网学习的教学资源应用系统中,学校现有教学资源应用系统排前三位的分别是网络教学平台、教学资源管理平台和网络考试系统,尚有17.01%的学校没有教学资源应用系统。见图4—6。

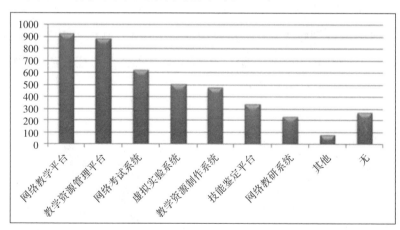

图4—6 学校现有教学资源应用系统情况

3.信息查询

教师或学生在学校查询信息方式排前三位的分别是公共机房、个人电脑、其他智能终端。见图4—7。

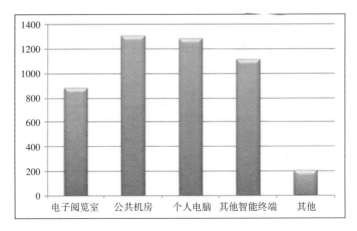

图4—7　教师/学生在学校查询信息途径

学校为教师和学生提供的免费资源排前三位的分别是学校教学平台或资源库资源、学校图书馆数字资源、国家或省市公共资源平台资源。教师或学生查找教学资源的途径排第一位的是在校园网外查找,其次是校园网提供的资源平台链接,第三位是校园网资源平台。

4.学习资源

5.21%的学校提供的在线课程数量占学校所有课程超过50%。其中,有0.31%的学校在线课程为100%;14.69%的学校专业在线课程占专业课程总数的比例超过50%;10.50%的学校公共在线课程占公共课程总数的比例超过50%。见图4—8、图4—9和图4—10。

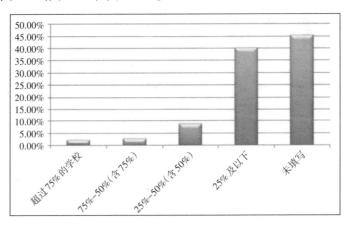

图4—8　学校在线课程占所有课程总数的比例

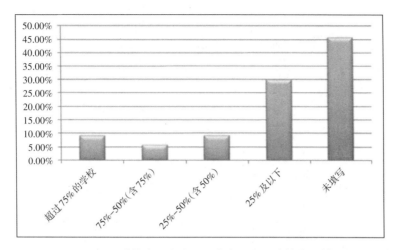

图4—9 学校专业在线课程占专业课程总数的比例

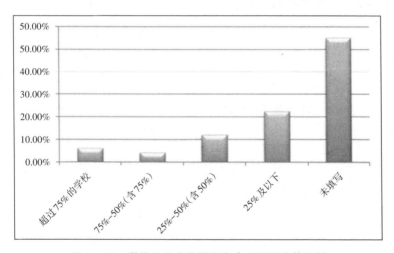

图4—10 学校公共在线课程占公共课程总数比例

74.18%的学校校本在线课程或教学资源无共享服务而只在本学校范围内使用;12.73%的学校完全开放共享;12.35%的学校共建共享单位之间共享。见图4—11。

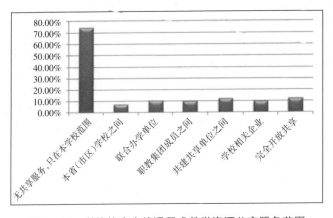

图4—11 学校校本在线课程或教学资源共享服务范围

5.学习空间

43.89%的学校建有网络教学/学习平台,这些平台多为学校自建平台和企业学习平台。学校使用的网络教学/学习平台主要功能使用排前三位的分别是学习资源、学习活动(含作业、测试)、学习交流。59.34%的学校使用的网络教学/学习平台未对接业务系统独立运行;在48.66%与业务系统对接的学校中,主要与教务管理(选课排课)系统对接和学籍(学生)管理系统对接。

(三)学校互联网学习服务

1.网络教学/学习平台

教师通过网络教学/学习平台主要进行课堂教学、备课、与学生实时互动。24.08%的学校可以让专任教师注册个人网络空间。45.56%的教师能提供线上辅导,见图4—12。

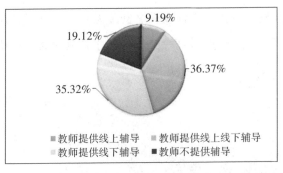

图4—12 教师给学生互联网学习提供服务情况

学生通过网络教学/学习平台主要进行提交作业、参加考试、浏览及选择课程。对于学生的互联网学习,教师提供的服务主要是线上线下辅导。

学校开展网络教学时,网络接入及教学资源使用时,79.52%的学校对师生均免费。见图4—13。

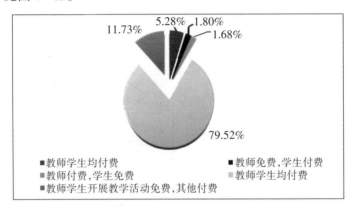

图4—13 学校网络接入及教学资源使用付费情况

2.支持机构

48.98%的学校专门成立机构负责推进。见图4—14。

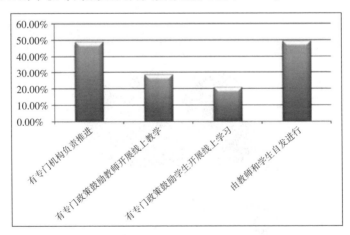

图4—14 学校推进互联网学习情况

61.76%的学校已设立主管全校信息化建设的管理部门;学校教育信息化管理部门人员平均8人;学校编制内信息技术(计算机)专职人员平均10人,兼职人员平均6人。

48.79%的学校建立信息化建设研究团队,29.92%的学校建立教师在线教学研究团队,24.71%的学校建立学生在线学习支持团队。

3.专项培训

92.3%的学校每年组织教职员工信息技术知识和技能培训,其中,尚有7.7%的学校无相关培训,见图4—15。开展全员培训的学校占55.25%。

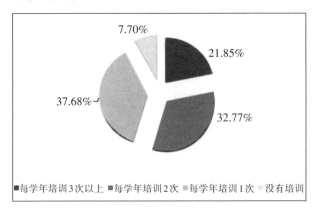

图4—15　学校教职员工信息化培训情况

55.87%学校参加信息化培训占学校培训总人次达到或超过30%。见图4—16。

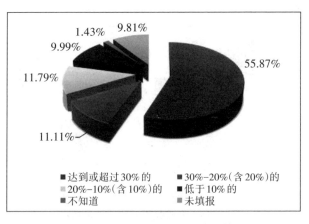

图4—16　学校参加信息化培训情况

4.投入经费

16.26%学校平均每年投入信息化建设资金占学校建设投入资金总额达到

或超过30%。见图4—17。

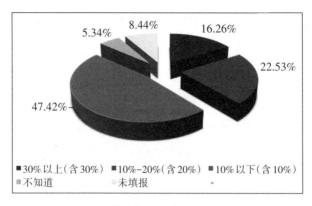

图4—17 学校信息化建设资金投入情况

(四)学生互联网学习动机

1.上网工具和目的

调查显示,学生上网主要进行视听娱乐、聊天、发邮件,在网上学习的比例最低。经常通过互联网学习的学生占32.50%。常用上网设备排前三位的依次是使用手机(76.08%)、台式计算机(11.72%)、平板电脑(5.14%),极少数学生使用笔记本电脑(0.34%)。见图4—18。

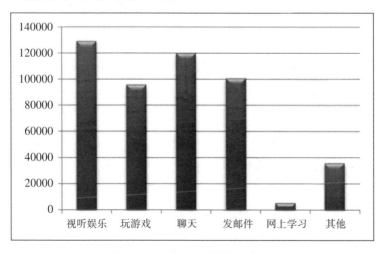

图4—18 学习互联网学习情况

2. 在线学习

调查显示,学生在线学习活动主要是完成学习(25.27%)、下载学习资料(22.42%)、应用学习软件(16.71%)、浏览课件(12.40%)、利用网站自主学习(11.60%)。在互联网上学习的时段一般在业余时间(55.05%),课堂上进行互联网学习的仅占14.85%。学生每天在互联网上学习时间在1小时及以上的占45.91%。学生在线学习过程中,最希望能在有其他学习者可以共同讨论的学习社区学习,其次是能与教师进行在线交互、自己单独学习。见图4—19。

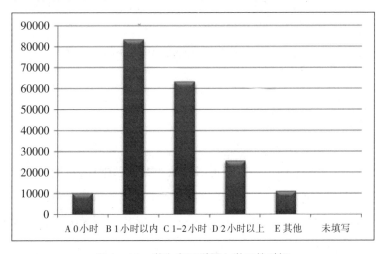

图4—19　学生在互联网上学习的时间

3. 学习资源

在互联网学习资源中,最吸引学生的学习资源类型是视频,其次是多媒体动画、PPT、整合多种媒体的交互式数字资源(如互动数字教材)、文本,录音是最不吸引学生的。

80.99%学生认为互联网上的学习资源很丰富,认为能够支持其学习的学生57.29%。见图4—20。

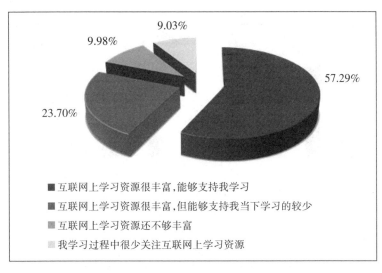

图4—20　学生互联网学习内容选择情况

　　学生进行互联网学习时,选择学习内容最多的是与老师布置作业相关的,其次是与本人兴趣相关的、与专业考证相关的。见图4—21。

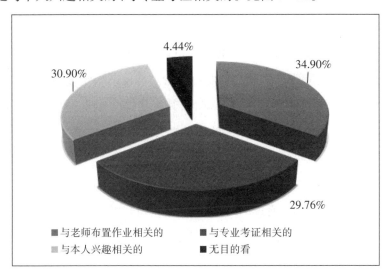

图4—21　学生认为互联网上支持其学习的资源

　　学生使用在线学习资源最多视频直播平台,其次是课程网站(如MOOC,网易云课堂等)、学校教学平台的课程、电子期刊库、论坛社区和报刊网站,其中,尚有6.79%的学生对上述资源都未使用过。见图4—22。

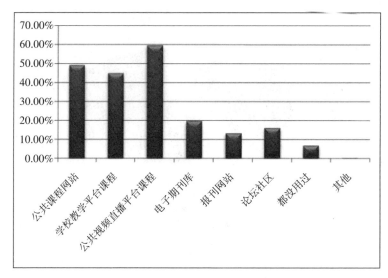

图4—22　学生在线学习资源使用情况

（五）学生互联网学习类型

1.正式学习

39.17%的学生认为校园网上有上课可以使用的学习平台，60.83%的学生认为校园网上没有上课可以使用的学习平台。能使网络学习平台的学生在网络学习平台上主要进行浏览及选择课程，其次是提交作业、参加考试、申请学分。在接受调研的学生中，有33.07%的学生关注校园网中学习资源。

2.自主学习

30.46%的学生在校园网或者其他公共网站上注册了属于自己网络空间。在注册了空间的学生中，通过网络空间主要进行自主学习，其次是存放与学习相关的照片、视频、资料等，第三位的是完成老师布置的作业。见图4—23和图4—24。

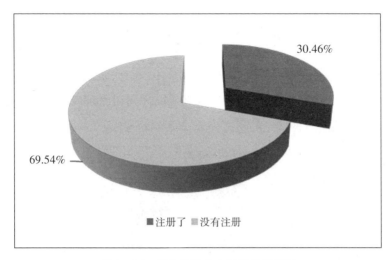

图4—23　学生注册个人网络空间情况

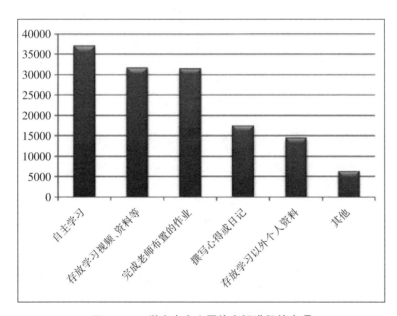

图4—24　学生在个人网络空间进行的事项

在接受调研的学生中,37.31%的学生在校园网上选择提供的课程进行学习,这部分学生只选择上课课程的占50.32%,会选择本校其他课程的39.11%,会选择其他学校课程的10.56%。

（六）学生互联网学习效果

1.学习能力

学生最喜爱的在线学习交流方式是在搜索引擎上询问多数网友的答案和在专门提供在线学习的网站与他人交流。见图4—25。

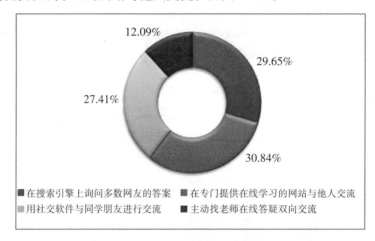

图4—25　学生喜爱的在线学习交流方式

遇到不懂的内容时,学生解决的主要方法是自己通过上网搜索解决,其次是求助老师或同学。见图4—26。

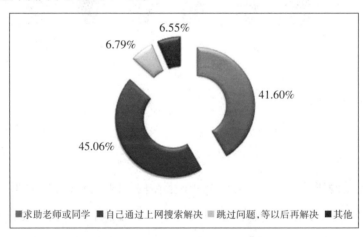

图4—26　学生遇到不懂内容的解决方法

2.社会性交互

在互联网学习时,学生主要与同学交流,其次是学校老师和校外兴趣相同者交流。80.80%的学校认为学校支持选修校外课程。有49.10%的学生经常通过网络平台或交互软件(如QQ、微信等)与老师、同学及其他人开展面向学习的交流。见图4—27。

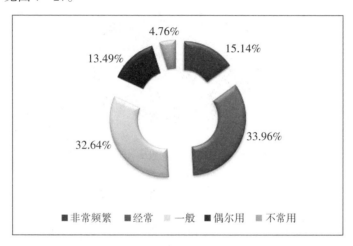

图4—27　学生通过网络平台或交互软件开展学习交流情况

3.学习自律性

47.7%的学生对在网上学习精力不集中时采取的做法是积极调整,继续进行学习(专心完成学习任务)。见图4—28。

图4—28　学生在网上学习的自律性

(七)学生互联网学习体验

1.学习态度

60.09%的学生喜欢互联网学习。见图4—29。

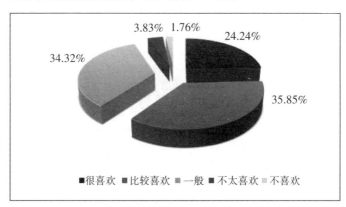

图4—29　学生喜欢互联网学习情况

对非常有价值的在线课程,53.12%的学生能接受这门课程的最高价格是100元(不含100元)以内。见图4—30。

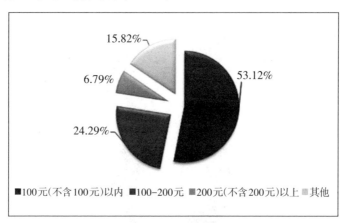

图4—30　学生能接受课程价格情况

2.学习感受

87.62%的学生认为在线学习对职业学校学生的学业有用。见图4—31。

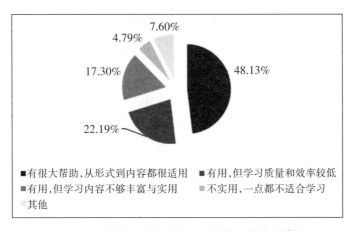

图4—31 学生认为在线学习对其学业的作用情况

3.学习建议

学生认为影响在线学习的主要因素排前三位的分别是网上信息过杂不好过滤、缺乏使用网络的技能技巧、自己需要的资源网上要收费。见图4—32。

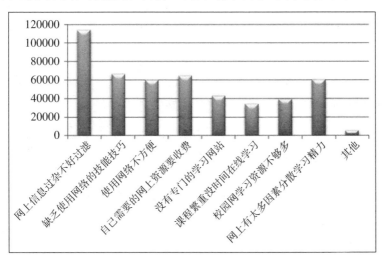

图4—32 学生认为影响在线学习的主要因素

二、职业院校互联网学习的体验与应用调研

2017年职业教育互联网学习采用重点问卷调研的方式,调研以综合经济

实力总体处于国内领先水平、职业教育整体发展水平较好的广东为主,兼顾山东、上海、辽宁、浙江、江苏、安徽、河南等省份,意在描述经济发达和较发达地区职业教育信息化的现状。

调研共收到有效问卷14124份,其中教师问卷1189份,学生问卷12935份。调研聚焦互联网学习环境、互联网学习开展、互联网学习者成熟度三个方面,从接入性、环境、服务、类型、实践、效果、体验、动机、适应性、自控力和素养等11个维度上展开。

(一)互联网学习环境接入性满意度过半,半数教师和学生每天进行互联网学习

63.74%的教师对学校接入网络进行学习的网络响应速度满意,26.83%的认为一般。49.98%的学生对学校接入网络进行学习的网络响应速度满意,33.39%的学生感觉一般。

45.34%的教师平均每天互联网教学时长为0.5~2小时,19.93%教师时长超过2小时,34.73%教师时长不足0.5小时。52.83%学生的每天互联网学习时间在0.5~2小时,31.28%的学生学习时间超过2小时,10.51%的学生学习时间不超过0.5小时,5.38%学生没有进行过互联网学习。

智能手机是教师和学生最常使用的互联网学习设备,其次是笔记本电脑和台式电脑,最不常使用的是平板电脑。

(二)互联网学习支持条件、资源供给等环境满意度过半,校园网学习资源满意度未过半

62.91%的教师认为学校提供的开展互联网学习相关条件十分充分,28.34%认为条件一般。在互联网学习条件保障上,多数教师认为开展互联网学习条件不充分主要是硬件条件,其次是教学资源、软件条件和配套政策。

66.87%的教师认为当前互联网环境适合教师组织开展互联网学习,认为一般的24.81%。68.84%的学生认为互联网学习为他们创造了一个积极的学习体验,4.58%表示不同意,26.56%对此问题持中立态度。

68.37% 左右的教师对互联网教学需求的支持感到满意，认为一般的 24.73%。

63.84% 的教师确认在校园网上有上课可以使用的学习平台。69.66% 的学生认为校园网上有上课可以使用的学习平台，还有 30.34% 校园网上没有学生上课可以使用的学习平台。学生使用校园网学习平台主要是进行课程学习，其次是浏览选择课程和提交作业，再次是仿真实训、参加考试等。

42.89% 的教师认为互联网上的教学资源很丰富，能够支持开展；37.51% 的教师认为互联网上的教学资源很丰富，但能够支持自己当下开展的较少；16.15% 的教师认为互联网上的教学资源还不够丰富；还有 3.45% 教师很少关注互联网教学资源。62.84% 的学生认为互联网上的学习资源很丰富，能够支持学习；24.11% 的学生认为互联网上的学习资源很丰富，但能够学习的较少。

37.18% 的教师认为校园网中的教学资源很丰富，但与互联网相比还是较少；42.05% 的教师认为教学资源不足以支持教学，还有 12.28% 的教师没有关注过，8.49% 的教师没有找到过教学资源。49.28% 的学生认为校园网上可利用的资源很多，使用很方便；18.10% 的学生认为校园网的资源很多，但很少有适合自己的；16% 的学生认为学习资源较多，自己使用得不多；4.64% 的学生认为找不到自己需要的学习资源。

学生最常用的课程网站，其次是学校的教学平台和视频直播平台，电子期刊库、报刊网站、论坛社区也占有一定比例，都没用过的情况较少。对选修校内外网络课程，63.86% 的学生表示学校支持并给予学习成绩认可，8.02% 的学生表示学校不支持、不认可。

（三）互联网学习支持服务及满意度过半，七成以上教师和学生认可的网络课程价格在 200 元以内

58.87% 的教师表示在组织互联网学习时获得过线上或线下的支持服务，41.13% 教师表示自己没有得到支持。44.68% 的学生在进行互联网学习时获得过线上或线下的支持服务，55.32% 的学生没有获得过。

69.99% 教师对现阶段互联网学习支持服务感到满意，有 25.57% 的教师表

示一般。62.39%的学生对现阶段互联网学习支持服务表示满意,30.96%的学生感觉一般。

46%的教师认为自己开设的互联网学习课程市场价值在100以内,有26%的教师认为在100~200元(不含100元,含200元),还有17%的教师认为在200~500元(不含200元,含500元),仅有少部分教师认为在500元以上。

对互联网学习课程,56.11%的学生能接受的最高价格在100元以内(含100元)。24.54%的学生接受的最高价格在100~200元(不含100元,含200元),12.13%的学生能接受的最高价格在200~500元(不含200元,含500元),3.99%的学生接受在500~1000元(不含500元,含1000元),仅有3.23%的学生能接受的最高价格在1000元以上。

(四)互联网学习类型仍以课堂内容传递为主,主要形式仍是自主学习

在进行互联网教学过程中,教师最常采用的是以课程内容传递为主的教学,其次分别是以教学活动组织管理为主的教学、以虚拟情境探究为主的教学、以学习讨论为主的教学。

教师引导学生运用互联网学习进行的学习类型主要是自主学习,其次分别是合作学习、探究学习、问题解决、个性化学习、学习诊断与分析等。

学生进行互联网学习时,主要是寻求作业支持和答疑、获得习题和真题题库、提升学习方法;且自主学习多于协作学习。

(五)近八成教师组织开展过互联网学习,六成以上教师认可互联网学习改变了教学观念、教学方式、课程实施和课程评价

18%的教师在所有实训课程中组织开展互联网学习;27.59%的教师在一半的实训课程中开展;30.45%的教师仅开展过1~2次;23.97%的教师没有开展过。

28.95%的学生每周有一半及以上的课程进行互联网学习,40.69%的学生每周不到一半的课程进行互联网学习,17.35%的学生每周仅有1~2次互联网

学习的课程,13.01%的学生没有互联网学习课程。

69.05%的教师认为在开展互联网教学过程中能够实现从以教为中心向以学为中心的转变,23.72%的教师认为转变不明显,7.23%的教师认为没有转变。

63.50%的教师表示互联网改变了自己的教学方式,25.99%的教师表示不明显,10.52%的教师认为没有改变。

64%的教师认为互联网已经对课程实施产生了整体性影响,26.32%的教师认为影响不明显,9.67%的教师认为没有影响。

63.58%的教师认为互联网已经对课程评价产生了整体性影响,26.83%的教师认为影响不明显,9.59%的教师认为没有影响。

学生在选择互联网学习产品时主要考虑的因素是能满足自己的需求的资源和功能、资源内容的全和新,其次是功能易用性,较少考虑他人推荐和学习支持服务。

(六)近八成学生认可互联网学习,影响互联网学习效果的主要因素是学生自控力

54.26%的学生认为互联网学习从形式到内容都适用于职业学校的学生有很大的帮助;25.45%的学生认为互联网学习功能较多较全,但是学习质量和效率较低;17.45%的学生认为互联网学习的形式自由可是学习内容不够丰富实用,有待提高。2.88%的学生认为互联网学习形式太过于自由、不实用,一点都不适合学习。

学生们认为,互联网学习对自己的帮助主要是知识学习,其次是信息查找和搜集能力提升、批判性思考及问题解决能力提升,对创新能力提高、网络环境下学习自律性的培养帮助较少。

在教师看来,影响学生互联网学习的主要因素排前三位的是学生自控力不强、教师由于工作任务重没有时间或者精力引导学生、互联网提供的有利于学习的资源不足。

32.73%的学生表示会出现"我每次都只想上网待一会儿,但常常一待就很久下不来",34.82%的学生可能出现,32.45%的学生不会出现。

32.47%的学生"不能上网会带来焦虑不安,且网络能够有效缓解",33.84%的学生可能出现,33.69%的学生不会出现。

在进行互联网学习精力不集中时,55.16%的学生会积极调整,继续学习;19.29%的学生暂停学习,先浏览其他的内容;18.42%的学生转向书面学习;7.14%的学生放弃在线学习,休息为先。

(七)教学任务过重成为影响教师互联网学习开展的主因,网络信息繁杂成为影响学生互联网学习开展的主因

在教师看来,影响其开展互联网学习排前三位的因素分别是教学任务过重、教学支持服务不足、网络环境不稳定。

教师在选择互联网学习产品时主要考虑的因素是内容和资料是否更全更新、资源和功能是否满足需求、功能易用界面美观。

影响学生进行互联网学习的主要因素是网络信息繁杂不方便过滤、网络资源收费和缺乏网络技巧。

(八)近六成学生互联网学习动机强烈,问题解决是教师和学生互联网学习主要动因

75.40%学生赞同利用互联网进行学习,3.90%的学生不赞同,20.7%的学生持中立态度。

59.69%的学生有强烈的互联网学习意愿,6.43%的学生缺乏互联网学习意愿,有33.88%的学生持中立态度。

学生利用互联网进行学习的主要动因是解决学习中的遇到的问题,其次是有学习的兴趣、职业发展的需要。

教师在组织开展互联网教学过程中关注度排前三位的分别是教案课件类资料、教辅试卷和习题、仿真实训资源的丰富程度,其后分别是教学辅助管理系统、与自身专业发展相关的资源及在线学习活动、与同行和专家交流的渠道、与学生和家长沟通交流的方式、与论文发表和评定相关的资源。

在互联网学习资源中,最吸引学生的学习资源是视频、动画,其次是PPT和

虚拟仿真教学资源,南昌文本、VR/AR/MR、录音吸引度较小。

(九)九成以上的教师和学生能够适应互联网学习,网络查询是学生解决学习问题的主要方法

在适应"互联网+"环境下开放的教育理念上,39.19%的教师能很好地适应和实施,58.70%的教师表示可以适应但无法很好实施,2.10%的教师无法适应。

61.37%的学生适应互联网学习,6.54%的学生不适应,32.09%的学生持中立态度。在互联网上学习不适应时,学生是常出现的心理反应是焦虑不安、疲惫,其次迷茫、缺乏安全感。

教师在互联网环境下开展教学遇到问题时,最常用的解决方式是寻求同事帮助,其次分别是需求学校网管帮助、自行上网搜索解决方案以及找互联网服务单位,只有少部分教师直接放弃。

在互联网学习时,学生遇到问题主要是通过网络查询解决,其次是求助老师和同学,再次是查询书籍资料和放弃问题等以后再解决。

(十)技术支持需求排在教师信息素养的前列,九成以上学生具有信息检索和甄别能力

教师在开展互联网教学的过程中最想得到的支持是技术支持,其次分别是领导的支持、专家学习理念支持、学生技术应用支持和同伴交流分享支持,几乎没有教师不需要支持。

教师通过学习平台可进行的活动主要是成绩管理,其次依次是布置和批改作业、开设课程、学生学习评价、组织考试和组织仿真实训,但仍有6%的教师从未使用过网络教学平台。

教师使用互联网学习资源、平台或服务主要用于查资料以便更好地备课、提升互动效果、给学生布置练习类学习任务,其次用于促进以学生为中心的教学活动实施、支持学生的个性化学习、改变课堂教学方式(如翻转课堂),再次用于对学生学习过程进行监督和管理以及诊断评价等。

66.68%的学生能够快速借助互联网找到自己所需要的资料,28.07%的学生可以找到,5.25%的学生不能找到。

34.81%的学生会将网站的权威性作为网络信息真实性的依据,24.86%的学生通过阅读内容来证实,15.02%的学生看信息发布的权威性,19.14%的学生通过比较其他信息来源做判断,6.16%的学生没想过要判断网络信息的真实性。

三、职业院校师生互联网学习基本素养

2018年度职业教育领域互联网学习重点围绕职业学校教师和学生在互联网教学及互联网学习中的基本信息素养进行设计。调研问卷采用量表设计,分为"非常符合""符合""介于之间""不符合""非常不符合"五个级别,分别对应"非常好""较好""一般""较差""差"五个等级或与之相匹配的等级。教师问卷定位于信息素养中使用互联网教学信心、使用互联网学习任务、使用互联网教学目的等3个维度、14个指标及66个考察变量;学生问卷定位于学习环境、学习内容、学习效果、协作学习、网络学习空间、网络信息素养、学习障碍等7个维度、16个指标及71个考察变量。见表4—1。

表4—1 问卷指标构成

问卷类型	维度	一级指标
教师问卷	使用互联网信心	网络知识
		网络及教学内容知识
		网络及教学知识
		网络、教学及内容知识
	需要使用互联网才能完成的学习任务	任务要求
		学习资源
		学习内容
		学习方法
		情感支持
		网络技术
		网络保护

问卷类型	维度	一级指标
	互联网教学的目的	预期效果
		促进作用
		能力养成
学生问卷	学习环境	设备资源
		课程资源
	学习内容	学习成绩提升
		课程深层次理解
		虚拟环境下的仿真训练
	学习效果	学习者满意度
	网络学习空间	网络空间学习
		网络空间应用
	协作学习	正面导向
		负面影响
		持续发展
	网络信息素养	信息搜索
		信息使用
	学习障碍	精力不集中
		遇到技术困难
		心理问题

调研共收到全国31个省(市、自治区、直辖市)有效问卷162000份。其中，教师问卷8992份，学生问卷153008份。研究用SPSS19.0对有效样本进行了取样足够度的Kaiser—Meyer—Olkin度量和Bartlett的球形度检验，对教师问卷和学生问卷的所有变量内在结构进行因子分析。检测显示，教师问卷和学生问卷的Bartlett球检验P值均为0；教师问卷KMO=0.988，学生问卷KMO=0.979，表明两个问卷变量的相关性均很强，非常适宜做因子分析。问卷的维度、指标及变量均采用均值分析法，取值范围为5—1，5为最高，1为最低。

(一)教师使用互联网教学特征

1.教师对使用互联网教学总体特征

2018年度教师在互联网教学中基本信息素养综合指数为3.830，处于较好水平。使用互联网教学信心、需要使用互联网才能完成的学习任务、使用互联网教学目的三个维度的指数分为3.859、3.771、3.929,见图4—33。其中,教师互联网教学目的指数最高,使用互联网学习任务指数最低,反映职业学校教师对为什么进行互联网教学有较明确的方向和较高的认识水平,但在具体使用互联网开展教学的能力上还需要提升。三个维度的两两比较均存在显著性差异。

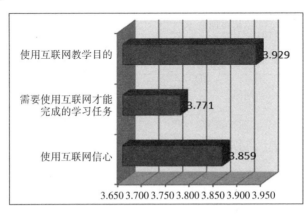

图4—33　教师问卷三个维度情况

从整体上看,东部、东北部、中部、西部的教师在使用互联网信心、使用互联网学习任务、使用互联网目的上,使用互联网目的指数最高,使用互联网学习任务最低,见图4—34。反映出四个区域的教师对互联网教学的目的有较高的认知水平,但开展互联网教学的操作能力还需要提升。

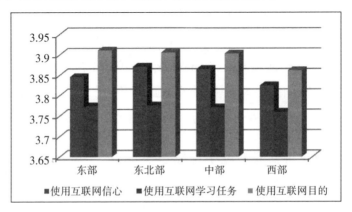

图4—34　教师问卷各区域的三个维度情况

东部、东北部、中部、西部分别具有专科、本科、硕士研究生、博士研究生的教师,硕士研究生学历的教师三个维度的指数整体最高,专科学历的教师三个维度的指数整体最低,见图4—35。反映出四个区域的不同学历教师在三个维度上的能力存在差距,专科学历教师需要从整体上大幅提升。

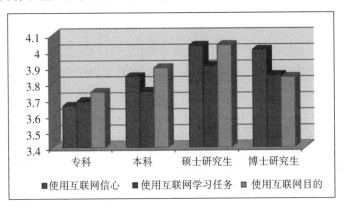

图4—35 教师问卷各学历的三个维度情况

2.教师使用互联网信心

在"使用互联网的信心"维度中,网络及教学内容知识最高为4.168,网络及教学知识最低为3.654,见图4—36。反映教师对运用网络技术进行教学内容知识的整合水平高,但教师因教学知识较为薄弱,影响到在课堂中的运用,说明职业学校教师缺乏教学理论,与职业学校教师,尤其是专业课教师多毕业于非师范院校有关。

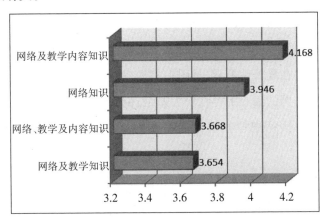

图4—36 "使用互联网的信心"四个指标情况

在19个变量中，"我会在网络上寻找课程的参考资料"最高4.290，"我掌握制作、开发网络课程的方法"最低3.190，反映教师使用互联网查找资料的能力非常强，但在制作和开发网络课程能力一般。

在19个变量均值的区域分布中，东北部最高3.871，西部最低3.825。各区域组间不存在显著性差异，但中部和西部间存在显著性差异，见图4—37。反映东北部、东部、中部和西部教师使用互联网信心均较高，具有较好的网络知识、网络及教学内容知识、网络及教学知识、网络与教学及内容知识，但西部与其他三区域还存在差距。

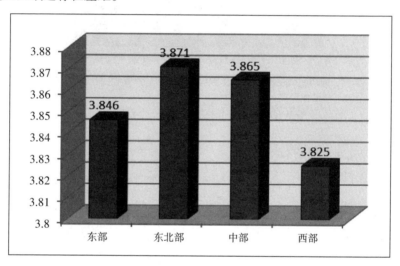

图4—37 "使用互联网的信心"维度各区域分布情况

在19个变量均值的教师学历分类中，硕士研究生学历最高4.034，专科学历最低3.659。教师各学历层次组间存在显著性差异，但硕士研究生和博士研究生学历间不存在显著性差异，见图4—38。反映专科学历教师与本科及以上教师在使用互联网的信心上存在较大差距，说明学历对教师网络知识、网络及教学内容知识、网络及教学知识、网络与教学及内容知识有直接影响。

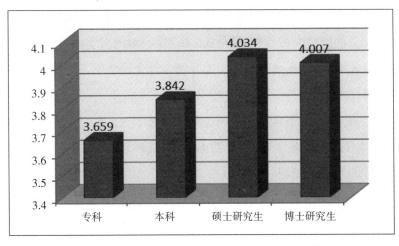

图4—38　"使用互联网的信心"维度各学历分布情况

3.教师使用互联网学习任务

在"需要使用互联网才能完成的学习任务"维度中,网络保护最高4.023,学习方法最低3.672,见图4—39。反映教师网络保护意识较强,能很好指导和引导学生进行网络保护,但教师对学生指导学生开展网络学习的方法上还需要提升。

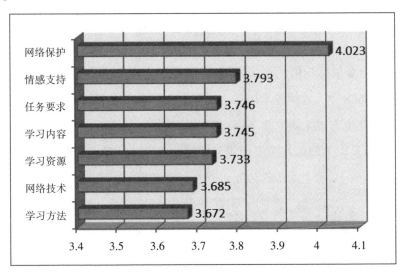

图4—39　"需要使用互联网才能完成的学习任务"七个指标情况

在29个变量中,"我会引导学生避免沉迷网络"最高4.090,"我会要求学生制订适合自己的网络学习计划"最低3.590。反映教师对学生网络沉迷的防范意识和能力非常强,但在具体指导学生开展个性化网络学习的能力相对较弱,还需要大幅提升。

在29个变量的均值区域分布中,东北部最高3.776,西部最低3.760分。各区域组间不存在显著性差异,见图4—40。反映四个区域的教师在需要使用互联网才能完成的学习任务维度上整体水平基本相同,均具有较高的能力和水平。

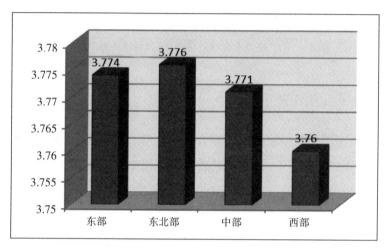

图4—40　"需要使用互联网才能完成的学习任务"维度各区域分布情况

在29个变量标均值的教师学历分类中,硕士研究生学历最高3.909,专科学历最低3.688分。教师各学历层次组间存在显著性差异,但本科与博士研究生、硕士研究生与博士研究生不存在显著性差异。见图4—41。反映专科学历教师与本科及以上教师在需要使用互联网才能完成的学习任务上存在较大差距,且本科、硕士、博士学历教师间也存在较大差距,说明学历对教师在学习方法、网络技术、学习资源、学习内容、任务要求、情感支持、网络保护的能力和水平上有直接影响。

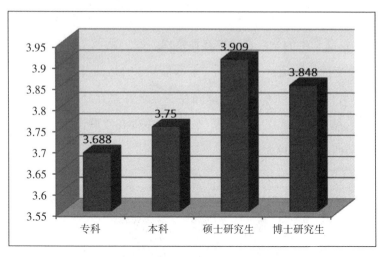

图4—41　"使用互联网学习任务"维度各学历分布情况

4.教师使用互联网教学目的

在"互联网教学的目的"维度中,教师促进作用最高4.090,预期效果最低3.878,见图4—42。反映教师对互联网教学促进学生的发展有非常明确的认识,认为使用互联网教学对提高学生学习兴趣、积极性、效率、成绩、效果等作用较大。

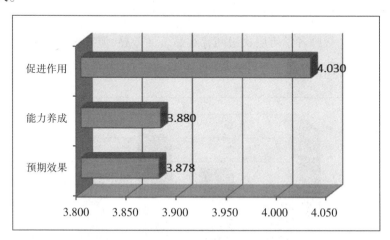

图4—42　"使用互联网教学目的"三个指标情况

在18个变量中,"我认为使用互联网教学能够有利于学生接触更多的学习资源"最高4.030,"我认为使用互联网教学能够提高学生的学习成绩"最低

3.760。反映教师非常认可互联网有利于学生接触更多的学习资源,但对互联网教学能够提高学生的学习成绩还存在疑虑。

　　在18个变量的均值区域分布中,东部最高3.911,西部最低3.862。各区域组间存在显著性差异,除东部和西部间存在显著性差异外,其他区域间不存在显著性差异,见图4—43。反映东部、东北部、中部在互联网教学的目的维度上基本趋同,但西部存在较大差距。

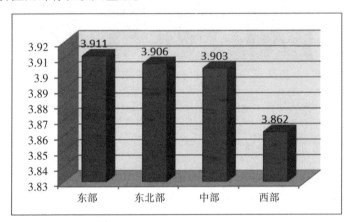

图4—43 "互联网教学的目的"维度各区域分布情况

　　在18个变量的均值教师学历分类中,硕士研究生学历最高4.038,专科学历最低3.745。教师各学历层次组间存在显著性差异,但专科与博士研究生、本科与博士研究生不存在显著性差异,见图4—44。反映专科学历教师与本科及

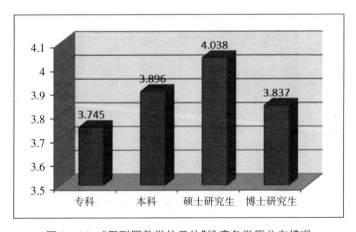

图4—44 "互联网教学的目的"维度各学历分布情况

以上教师在互联网教学的目的上存在较大差距,且本科、硕士、博士学历教师间基本趋同,说明专科学历对教师在互联网教学的预期效果、促进作用、能力养成上有直接影响。

(二)学生使用互联网学习特征

1.学生使用互联网学习总体特征

2018年度学生在互联网学习中基本信息素养综合指数为3.470,处于较好水平。学习环境、学习内容、学习效果、网络学习空间、协作学习、网络信息素养、学习障碍七个维度的指数分为3.541、3.647、3.688、3.579、3.456、3.789、2.899,见图4—45。其中,网络信息素养指数最高,学习障碍指数最低,反映职业学校学生具有较高的网络信息素养,互联网学习障碍较少,具备使用互联网学习的基础能力。七个维度的两两比较均存在显著性差异。

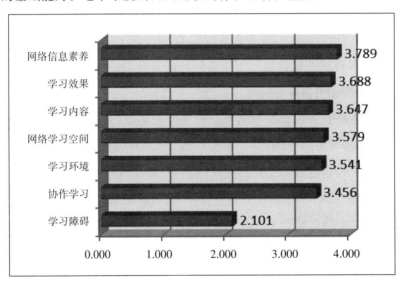

图4—45 学生问卷七个维度情况

从整体上看,东部、东北部、中部、西部四个区域的中等职业学校和高职高专学院学生在学习环境、学习内容、学习效果、网络学习空间、协作学习、网络信息素养、学习障碍七个维度上,网络信息素养指数最高,学习障碍指数最低,见图4—46。反映出四个区域的中、高职学校学生网络信息素养好于其他六项指标,在互联网学习上不存在太多的障碍,在学习环境、学习内容、学习效果、协作学习、网络空间学习上整体水平较好,但还有较大的提升空间。

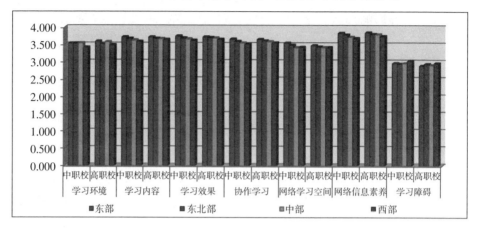

图4—46   学生问卷各区域的七个维度情况

2.学生学习环境

在"学习环境"维度中,设备资源较高3.655,课程资源较低3.428,反映出学生认为学校在开展互联网学习上具备较好的基础设备支撑,课程资源支撑尚好,但课程资源比设备资源稍弱。

在8个变量中,"在装有智能教学设备的教室里,使用这些设备的老师比例"最高4.140,"我的学校无线上网速度"最低2.890,反映八成以上的教师能在装有智能教学设备的教室里开展互联网教学,并得到学生的认可,但学校无线上网速度较慢,这与职业学校专业类型多、视频及仿真资源使用多等有关,说明职业学校学生的互联网学习需要较高的网速支持。

在8个变量均值的区域分布中,东部最高3.580,西部最低3.477。各区域组间存在显著性差异,但东部和中部间不存在显著性差异,见图4—47。反映出东部、中部在设备资源、课程资源上整体较好,明显优于西部。

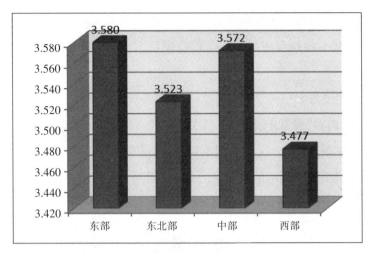

图4—47 "学习环境"维度各区域分布情况

在8个变量均值的学校类别中,高职高专学校较高3.551,中等职业学校较低3.506,两者间存在显著性差异。反映出高职高专学校在设备资源、课程资源上优于中等职业学校。

在8个变量均值的区域学校类别中,东部高职高专学校最高3.593,西部中等职业学校最低3.415;高职高专学校与中等职业学校均值差的绝对值西部最大0.076,东北部最小0.016;东部、中部、西部的高职高专学校高于中等职业学校,只有东北部的中等职业学校高于高职高专学校,见图4—48。反映出东部、

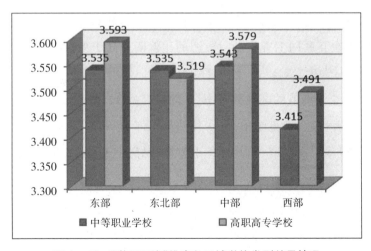

图4—48 "学习环境"维度各区域学校类别差异情况

中部、西部的高职高专学校在设备资源、课程资源上均好于中等职业学校,其中西部高职高专学校与中等职业学校差距较大,东北部的中等职业学校好于高职高专学校。

3.学生学习内容

在"学习内容"维度中,课程深层次理解最高3.777,虚拟环境下的仿真训练最低3.578,见图4—49。反映出学生对课程有较好的深层次理解能力和水平,同时虚拟环境下仿真训练的学习能力也较强。

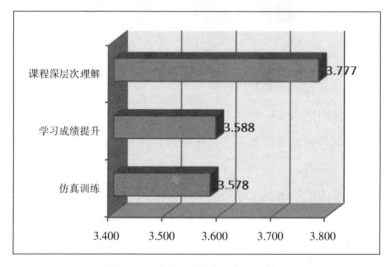

图4—49 "学习内容"三个指标情况

在15个变量中,"查找学习资源"最高3.940,"进行考试押题"最低3.370,反映出学生在互联网上查找学习资源的比例明显高于考试押题,说明职业学校任务学习对学生影响较大,起到了很好的导向作用。

在15个变量均值的区域分布中,东部最高3.717,西部最低3.635。各区域组间存在显著性差异,见图4—50。反映出东部、东北部、中部、西部在学习成绩提升、课程深层次理解、仿真训练上整体较好,但东部、东北部、中部明显优于西部。

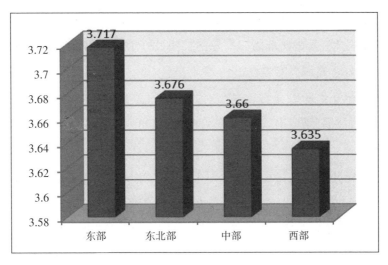

图4—50　"学习内容"维度各区域分布情况

在15个变量均值的标学校类别中,高职高专学校较高3.678,中等职业学校较低3.654,两者间存在显著性差异。反映出高职高专学校在学习成绩提升、课程深层次理解、仿真训练上优于中等职业学校。

在15个变量均值的区域学校类别中,东部中等职业学校最高3.717,西部中等职业学校最低3.589;高职高专学校与中等职业学校差值的绝对值西部最大0.056,东北部最小0.0003;东北部、中部、西部的高职高专学校高于中等职业学校,只有东部的中等职业学校高于高职高专学校,图4—51。反映出东北部、

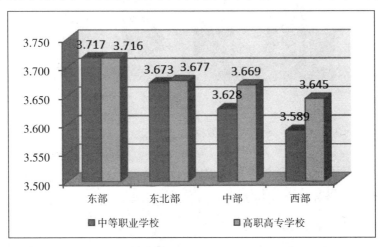

图4—51　"学习内容"维度各区域学校类别差异情况

中部、西部的高职高专学校在学习成绩提升、课程深层次理解、仿真训练上好于中等职业学校，其中西部高职高专学校明显好于中等职业学校，东部的中等职业学校略好于高职高专学校。

4.学生学习效果

在"学习效果"维度中，学习者满意度为3.688，反映出学生进行互联网学习的效果较好。

在6个变量中，"我在互联网学习上得到的知识技能对我的专业学习有很大帮助"最高3.740，"互联网学习很符合我的学习需求"最低3.600，反映出学生对互联网学习知识技能帮助专业学习有较好的认可，认为互联网学习符合学习需求也有较好的认可。

在6个变量均值的区域分布中，东部最高3.726，西部最低3.648，各区域组间存在显著性差异，见图4—52。反映出东部、东北部、中部、西部在学习者满意度上整体较好，但东部、东北部、中部明显优于西部。

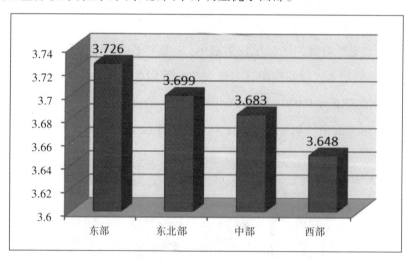

图4—52　"学习效果"维度各区域分布情况

在6个变量均值的学校类别中，高职高专学校较高3.690，中等职业学校较低3.683分，两者间不存在显著性差异。反映出高职高专学校、中等职业学校在学习满意度上基本趋同。

在6个变量均值的区域学校类别中，东部中等职业学校最高3.746，西部中等职业学校最低3.622;高职高专学校与中等职业学校差值的绝对值西部最大0.032,东北部最小0.012;东北部、中部、西部的高职高专学校高于中等职业学校,只有东部的中等职业学校高于高职高专学校,见图4—53。反映出东部中等职业学校在学习效果上好于高职高专学校,东北部、中部、西部的高职高专学校好于中等职业学校,其中西部高职高专学校明显好于中等职业学校。

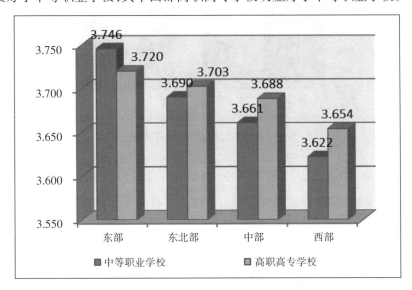

图4—53 "学习效果"维度各区域学校类别差异情况

5.学生网络学习空间

在"网络学习空间"维度中,网络空间应用较高3.684,网络空间学习较低3.504,反映出网络空间学习较好于网络空间应用。

在10个变量中,"我可以在网络学习空间中完成教师布置的学习任务"最高3.850,"我熟悉网络学习空间中的各项功能"最低3.410,反映出学生在网络学习空间中对指定的任务主动完成的意识尚可,但熟悉网络学习空间的主动性一般。

在10个变量均值的区域分布中,东部最高3.652,西部最低3.546,各区域组间存在显著性差异,见图4—54。反映出东部、东北部、中部、西部在网络学习空间上整体较好,但东部、东北部、中部明显优于西部。

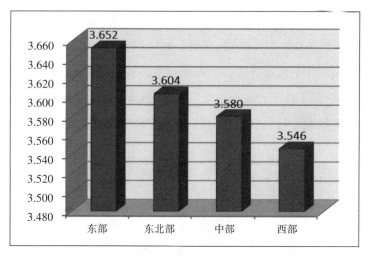

图4—54 "网络学习空间"维度各区域分布情况

在10个变量均值的学校类别中,高职高专学校较高3.600,中等职业学校较低3.583,两者间存在显著性差异。反映出高职高专学校、中等职业学校在网络学习空间上基本趋同。

在10个变量均值的区域学校类别中,东部中等职业学校最高3.659,西部中等职业学校最低3.515;高职高专学校与中等职业学校差值的绝对值中部最大0.039,东部最小0.009;东北部、中部、西部的高职高专学校高于中等职业学校,只有东部的中等职业学校略高于高职高专学校,见图4—55。反映出东部

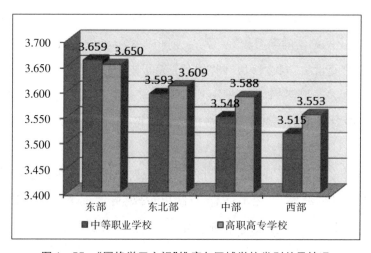

图4—55 "网络学习空间"维度各区域学校类别差异情况

中等职业学校在网络学习空间上略好于高职高专学校,东北部、中部、西部的高职高专学校好于中等职业学校,其中中部高职高专学校明显好于中等职业学校。

6.学生协作学习

在"协作学习"维度中,持续发展最高3.640,负面影响最低3.243,见图4—56。反映出学生在互联网上协作学习的持续发展意愿较强烈,对在互联网上开展协作学习比较喜欢。

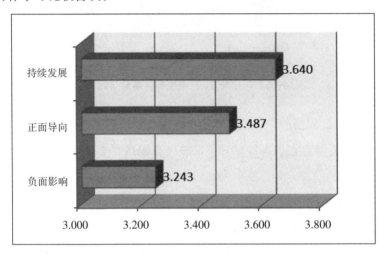

图4—56　"协作学习"三个指标情况

在13个变量中,"我愿意为在线社区的发展做贡献"最高3.680,"我担心我的帖子被其他同学忽略"最低3.060。反映出学生对在线社区的发展做贡献有较强烈的责任意识,在对互联网协作学习中他人对自己帖子的反应一般。

在13个变量均值的区域分布中,东部最高3.491,西部最低3.421,各区域组间存在显著性差异,但中部和西部间不存在显著性差异,见图4—57。反映出东部、东北部、中部、西部在网络学习空间上整体一般,但东部、东北部明显优于中部、西部。

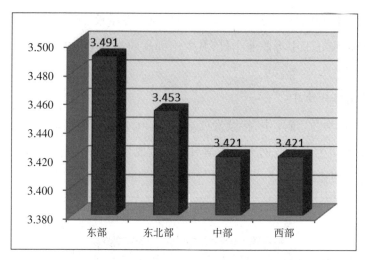

图4—57 "协作学习"维度各区域分布情况

在13个变量均值的学校类别中,中等职业学校较高3.473,高职高专学校较低3.440,两者间存在显著性差异。反映出高职高专学校、中等职业学校在协作学习上基本趋同。

在13个变量均值的区域学校类别中,东部中等职业学校最高3.549,中部中等职业学校最低3.416;高职高专学校与中等职业学校差值的绝对值东部最大0.074,中部最小0.006;东部、东北部、西部的中等职业学校高于高职高专学校,只有中部的高职高专学校略高于中等职业学校,见图4—58。反映出中部

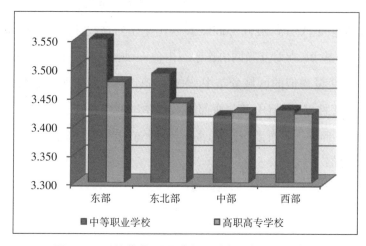

图4—58 "协作学习"维度各区域学校类别差异情况

高职高专学校在协作学习上略好于中等职业学校,东部、东北部、西部的中等职业学校好于高职高专学校,其中东部中等职业学校明显好于高职高专学校。

7.学生网络信息素养

在"网络信息素养"维度中,信息使用较高3.810,信息搜索较低3.768。反映出学生具有较强的信息使用和信息探索能力。

在8个变量中,"我能够判断谣言信息"最高3.890,"我能对检索到的大量信息进行恰当的分析和评价"最低3.690。反映出具备较好的信息鉴别能力,同时具有较好的信息分析和评价能力。

在8个变量均值的区域分布中,东部最高3.843,西部最低3.731。各区域组间存在显著性差异。见图4—59。反映出东部、东北部、中部、西部在网络学习空间上整体较好,但东部、东北部、中部明显优于西部。

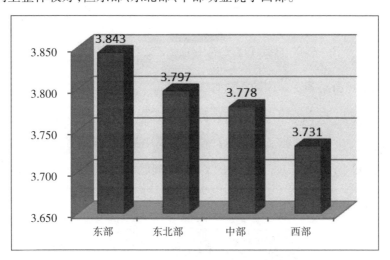

图4—59 "网络信息素养"维度各区域分布情况

在8个变量均值的学校类别中,高职高专学校较高3.796,中等职业学校较低3.757,两者间存在显著性差异。反映出高职高专学校、中等职业学校在网络信息素养上基本趋同。

在8个变量均值的区域学校类别中,东部高职高专学校最高3.846,西部中等职业学校最低3.683;高职高专学校与中等职业学校差值的绝对值中部最大0.073,东部最小0.013;东部、东北部、中部、西部高职高专学校均高于中等职业学校,见图4—60。反映出东部、东北部、中部、西部的高职高专学校均好于中等职业学校,其中中部高职高专学校明显好于中等职业学校。

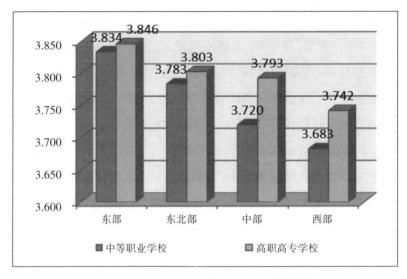

图4—60 "网络信息素养"维度各区域学校类别差异情况

8.学生学习障碍

在"学习障碍"维度中,经过指标的反向处理(以下指标及变量同),心理问题最高2.39,"心理问题"最高2.387,精力不集中最低1.865,见图4—61。反映学生在互联网学习上心理问题比精力不集中问题突出。

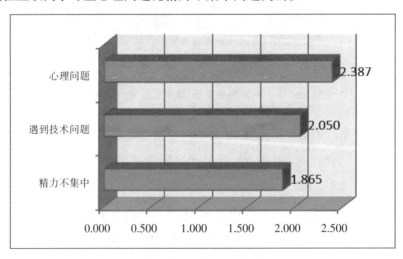

图4—61 "学习障碍"三个指标情况

在11个变量中,"每次使用互联网学习,我都会感到手足无措"最高2.410,"我经常会去看一下平常娱乐的群在交流什么"最低1.740。反映出学生对互联网学习不陌生,在学习时有较好的自控能力。

在11个变量均值的区域分布中,西部最高2.967,东部最低2.898,各区域组间存在显著性差异,见图4—62。反映出东部、东北部、中部、西部在学习障碍上整体较少,但东部、中部明显少于东北部、西部。

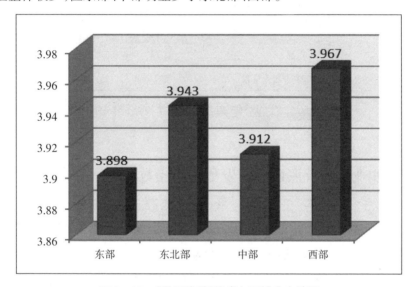

图4—62　"学习障碍"维度各区域分布情况

在11个变量均值的学校类别中,中等职业学校较高2.970,高职高专学校较低2.914,两者间存在显著性差异。反映出高职高专学校在学习障碍上少于中等职业学校。

在11个变量均值的区域学校类别中,西部区域中等职业学校最高3.018,东部高职高专学校最低2.882;高职高专学校与中等职业学校差值的绝对值东部最大0.076,东北部最小0.007;东部、东北部、中部、西部高职高专学校学生学习障碍均低于中等职业学校,见图4—63。反映出东部、东北部、中部、西部的中等职业学校学生互联网学习障碍均高于高职高专学校,其中东部中等职业学校明显高于高职高专学校。

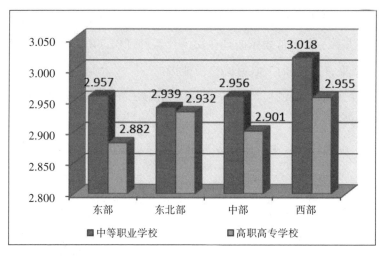

图4—63 "学习障碍"维度各区域学校类别差异情况

四、职业院校互联网学习发展水平指数

2019年,是我国职业教育发展的又一新纪元,也是职业教育领域开展互联网学习发展水平专项调研的第四年,职业教育互联网学习发展指数模型增设了反映职业教育的特征指标,形成了教师问卷和学生问卷。问卷采用李克特5点量表设计,分为"非常符合""符合""介于之间""不符合""非常不符合"五个级别,分别对应"非常好""较好""一般""较差""差"五个等级或与之相匹配的等级,五个级别对应分值分别为5分—1分。教师问卷共3个维度、9个指标及56个考察变量,学生问卷共3个维度、9个指标及61个考察变量。

调研涉及全国31个省、市、自治区,有效问卷46953份,其中教师问卷750份,学生问卷46203份。研究采用SPSS19.0统计软件进行分析。问卷信度和效度检验结果显示,教师问卷信度系数值0.970,学生问卷信度系数值0.972,均大于0.9,研究数据信度质量很高。教师问卷所有指标项对应的共同度值均高于0.4,指标信息可以被有效提取;KMO值为0.902,大于0.6,数据具有效度;9个因子方差解释率值旋转后累积方差解释率为76.118%>50%,指标项的信息量可以有效提取。学生问卷所有指标项对应的共同度值均高于0.4,说明研究项信息可以被有效提取;KMO值为0.968,大于0.6,意味着数据具有效度;9个因子方差解释率值旋转后累积方差解释率为68.344%>50%,说明指标项的信息量可以有效提取。从总体检验看,教师问卷和学生问卷设计质量较高,满足本次调研要求。

(一)教师使用互联网教学的特征

1.互联网教学的总体特征

(1)发展水平综合指数

2019年,职业教育领域教师互联网教学发展水平综合指数为3.62,其中,三个水平指数分别为互联网学习者成熟度3.68,互联网教学开展3.66,互联网教学环境3.50。综合指数反映出2019年职业院校教师互联网教学发展整体处于中等偏上水平,尚有很大的提升和发展的空间;教师在互联网教学上的成熟度与互联网教学开展水平指数与2018年职业院校教师基本信息素养综合指数3.830相吻合,表明教师基于互联网教学的能力和水平还需要大幅提升;互联网学习环境水平指数符合2017年职业院校支持互联网学习基础建设提升空间很大的判断。如图4—64。

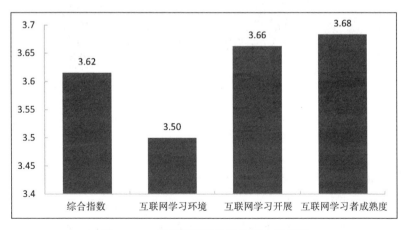

图4—64 教师互联网教学发展水平指数

互联网教学环境、互联网教学开展和互联网学习者成熟度三项指标间呈现显著的正相关。"十二五"以来,随着教育信息化的深入推进,围绕教师信息化素养的全国性、地方性、校本性专题培训、活动蓬勃发展,数字校园建设同步推进课堂信息化教学的快速应用,形成了互联网学习者成熟度、互联网教学开展和互联网教学环境指数的同步,尤其是互联网学习者成熟度、互联网教学开展的较好发展,但互联网教学环境还稍弱,将会影响教师使用互联网教学。

(2)各地区发展水平指数

在各地区中,东部、东北部、中部、西部地区的教师互联网教学发展水平指数分别为3.61、3.73、3.70、3.55,整体处于中等偏上水平。其中,东北部最高,西部最低,与2018年职业院校教师基本信息素养综合指数东北部最高3.871、西部最低3.825,相吻合。如图4—65。各地区教师互联网教学发展水平指数反映出,东部教师互联网教学处于非活跃状态,东北部和中部教师互联网教学的意识和需求强烈,西部仍是需要支持的重点。

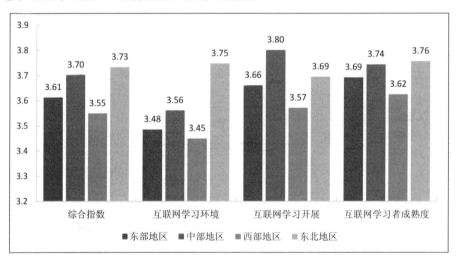

图4—65　各地区教师互联网教学发展水平指数

在互联网学习环境维度上,东北地区的指数最高3.75,西部地区最低3.45;在互联网学习开展维度上,中部地区的指数最高3.80,西部地区最低3.57;在互联网学习者成熟度维度上,东北地区的指数最高3.76,西部地区最低3.62。

(3)不同性别发展水平指数

不同性别教师的互联网学习环境、互联网学习开展和互联网学习者成熟度三项指标相关分析发现,在性别上不存在显著差异。如图4—66。

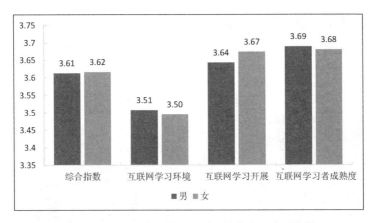

图4—66　不同性别教师互联网教学发展水平指数

（4）不同年龄和不同教龄发展水平指数

在不同年龄教师中，互联网教学发展水平综合指数及互联网学习环境、互联网学习开展和互联网学习者成熟度三项发展水平指标均随年龄增加呈明显下降趋势。综合指标25岁以下教师得分最高3.72，56岁以上教师得分最低3.43。依据教师年龄对互联网学习环境、互联网学习开展和互联网学习者成熟度三项指标相关分析发现，在年龄上存在显著差异。如图4—67。

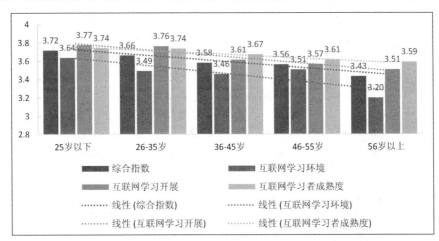

图4—67　不同年龄教师互联网教学发展水平指数

在不同教龄教师中，互联网教学发展水平综合指数及互联网学习环境、互联网学习开展和互联网学习者成熟度三项发展水平指标均随教师教龄增加呈明显下降趋势,教龄6年以下的教师(含3年以下及4—6年)各项指数相近且较其他教龄教师高,教龄越长教师互联网教学发展水平指数越低。如图4—68。

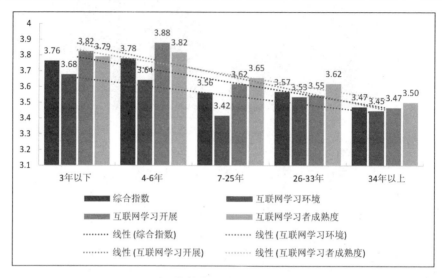

图4—68 不同教龄教师互联网教学发展水平指数

不同年龄和不同教龄教师的发展水平指数反映出,最年青教师和短教龄教师对互联网教学需求强烈,在互联网教学中占优势。

(5)不同任职学校类型发展水平指数

在不同任职学校类型教师中,高职(高专)教师互联网教学发展水平各项指数均高于中等职业学校(含五年制)教师,且具有明显优势。如图4—69。

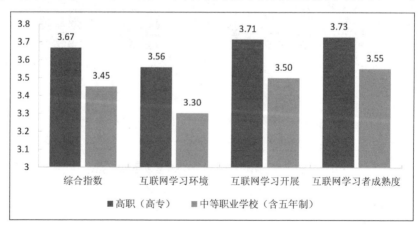

图4—69 不同任职学校类型教师互联网教学发展水平指数

2.互联网学习环境特征

应用氛围指标最高3.60,支持服务指标最低3.39。结果表明,近年来职业院校在促进线上线下混合式教学的推广、制度建设、培训上取得了初步成效,但平和资源可用性和易用性上还有待加强。如图4—70。

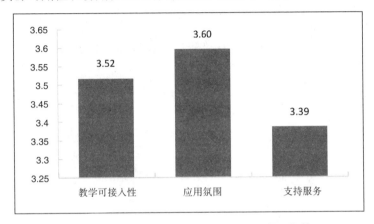

图4—70　学习环境维度一级指标发展水平指数

东北部的教学可接入性指标、应用氛围指标和支持服务指标均最高,如图4—71。

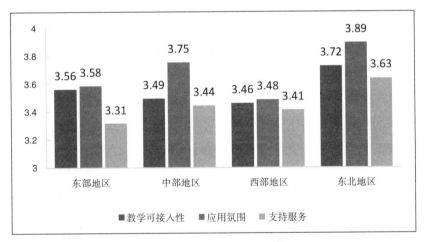

图4—71　学习环境维度一级指标各区域发展水平指数

3.互联网学习开展特征

教学障碍和教学效果指标最高均为3.88,教学方式指标最低3.38。结果表明,多数职业院校教师在利用互联网开展教学中遇到问题能主动寻求帮助,或采取恰当的办法解决问题,也广泛认为学校领导和教师需要提升互联网教学理念,参加相关培训,提升信息技术应用能力;多数职业院校教师也认为互联网教学利远大于弊,互联网教学能提高学生学习的兴趣和积极性,提高学习效率,提高学习成绩,能促进师生间、生生间的交流;但网络学习空间的使用还有待加强,实现"一人一空间,人人用空间"建设目标还有很长的路要走。如图4—72。

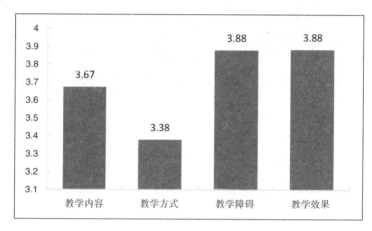

图4—72　学习开展维度一级指标发展水平指数

教学内容、教学方式、教学障碍、教学效果四类指标均为中部最高。如图4—73。

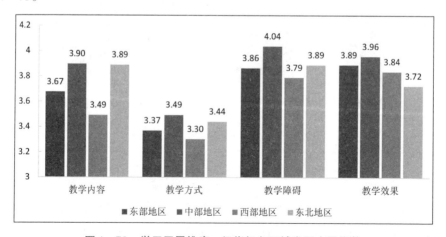

图4—73　学习开展维度一级指标各区域发展水平指数

4.互联网学习者成熟度特征

教学素养指标3.75,教学动机指标3.55。结果表明,多数职业院校教师在信息化素养上得到了明显提升,已基本具备一般性互联网应用水平和能力;但教师在利用互联网从事教学上还有进步的空间,要通过各种激励措施,通过各种制度建设,逐渐让教师把利用互联网从事教学成为自觉行为。

教学动机指标中部最高3.60,教学素养指标东北部最高3.90。如图4—74。

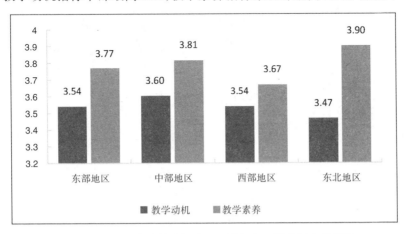

图4—74 学习者成熟度维度一级指标各区域发展水平指数

(二)学生使用互联网学习的特征

1.互联网学习的总体特征

(1)发展水平综合指数

2019年,职业教育领域学生互联网学习发展水平综合指数为3.61,其中,三个水平指数分别为互联网学习环境3.64,互联网学习开展3.60,互联网学习者成熟度3.58。综合指数反映出2019年学生互联网学习发展整体处于中等偏上水平。学生在互联网学习开展与互联网学习成熟度水平指数与2018年职业院校学生基本信息素养综合指数3.470基本相吻合,表明学生互联网学习能力和水平还需要大幅提升;互联网学习环境水平指数符合2017年职业院校支持互联网学习基础建设提升空间很大的判断。

互联网教学环境、互联网教学开展和互联网学习者成熟度三项指标间呈现显著的正相关。表明作为数字时代原住民的"00"后学生,在感受和体验互联网学习上有优势。如图4—75。

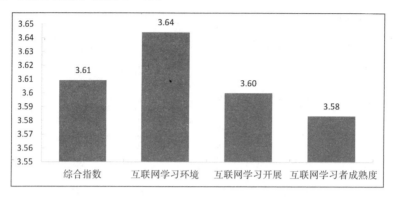

图4—75　学生互联网学习发展水平指数

（2）各地区发展水平指数

职业教育领域各地区学生互联网学习发展水平指数如图4—76所示。东部、中部、西部、东北部地区的学生互联网学习发展水平指数分别为3.64、3.59、3.59、3.59,整体处于中等稍上水平。其中,东部略高于其他三个地区,与2018年职业院校学生基本信息素养综合指数东部最高、其他三个地区依次递减相符。各地区学生互联网教学发展水平指数反映出,全国不同地区学生对互联网学习整体较活跃,东部地区学生更具活力。

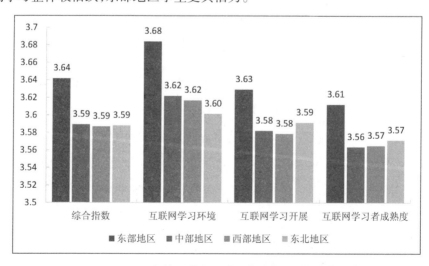

图4—76　各地区学生互联网学习发展水平指数

在互联网学习环境维度上,东部最高3.68,东北部最低3.60;在互联网学习开展维度上,东部最高3.63,中部和西部最低3.58;在互联网学习者成熟度维度上,东部最高3.61,中部最低3.56。

（3）不同性别发展水平指数

不同性别学生的互联网学习环境、互联网学习开展和互联网学习者成熟度三项指标相关分析发现,男生在综合指标和三个维度上表现均好于女生,这和男生更喜欢信息技术、更喜欢使用互联网的实际情况相一致。如图4—77。

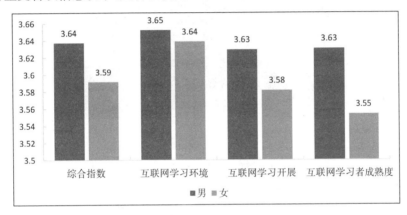

图4—77　不同性别学生互联网学习发展水平指数

（4）不同学校类型发展水平指数

中等职业学校(含五年制)学生互联网学习发展水平各项指数均高于高职(高专)学生。如图4—78。

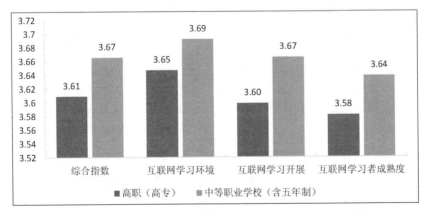

图4—78　不同就读学校类型学生互联网学习发展水平指数

2.互联网学习环境特征

学习环境维度一级指标调查情况如图5—所示,其中,应用氛围指标最高3.91,学习可接入性指标最低3.52。结果表明,多数职业院校开展互联网学习氛围较好,有一批课程已通过互联网开展教学;而有相当多的学生对学校上网速度很不满意,对在学校使用信息化终端设备的方便性不太满意。如图4—79。

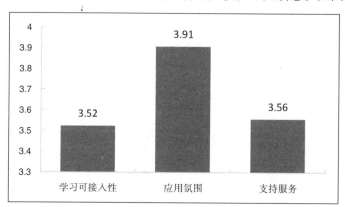

图4—79　学习环境维度一级指标发展水平指数

学习可接入性指标东部最高3.58,东北部最低3.39;应用氛围指标东部和东北部最高3.94,西部最低3.85;支持服务指标东部最高3.58,中部最低3.53。如图4—80。

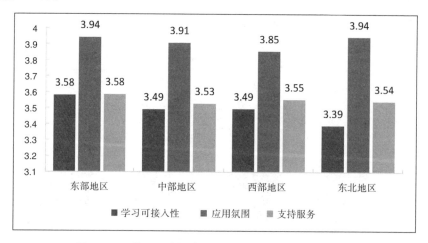

图4—80　学习环境维度一级指标各区域发展水平指数

3.互联网学习开展

学习效果指标最高3.69,学习障碍指标最低3.53。结果表明,职业院校学生认为互联网学习效果较好,符合学习需求;部分学生在进行互联网学习时会出现注意力不集中等情况,遇到技术问题也可能难以解决。如图4—81。

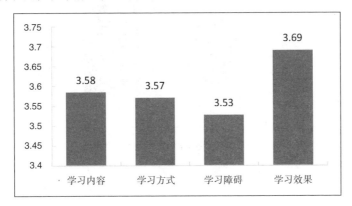

图4—81　学习开展维度一级指标发展水平指数

学习内容、学习方式、学习障碍、学习效果指标东部均最高。如图4—82。

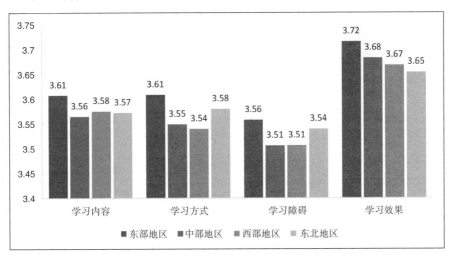

图4—82　学习开展维度一级指标各区域发展水平指数

4.互联网学习者成熟度

学习者成熟度维度一级指标调查情况如图4—83所示,学习素养指标3.59,学习动机指标3.58。结果表明,职业院校学生在信息化素养上有提升,基本具备一般性互联网应用水平和能力;学生对互联网感兴趣,对互联网上的学习内容感兴趣,也能根据老师要求使用互联网进行学习。

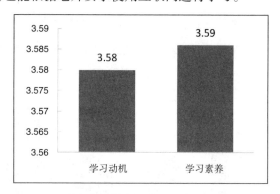

图4—83　学习者成熟度维度一级指标发展水平指数

学习动机指标东部最高3.61,西部和东北均最低3.56;学习素养指标东部最高3.62,中部最低3.56。如图4—84。

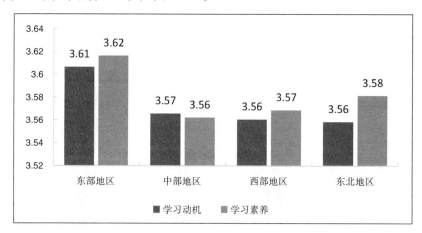

图4—84　学习者成熟度维度一级指标各区域发展水平指数

第五章　职业院校互联网学习生态发展态势

一、职业院校互联网学习发展方向

随着移动互联、智能终端、云计算、大数据等计算机网络技术的发展和应用，涌现了大量云技术、慕课、微课、APP等混合式学习的新方法与新手段，教师与学习者的职业素养、知识获取都得到了有效的提升。职业教育也正借助信息技术不断解决职业教育改革发展中的现实问题，探索创新适合职业教育特点、具有中国特色的互联网学习。

（一）基于互联网的职业教育混合式学习

将个性化学习和基于能力的学习联结起来的混合式学习强调以学生为中心，它要求学生必须养成学习的自主性、对自身进步的归属感和指导学习的后续能力。正如新媒体联盟的《地平线报告》（2016年高等教育版）中指出，随着教育技术的发展，混合式学习在今天得到了前所未有的关注和重视，混合式学习整合了在线学习和面授教学的形态，创建了一个具有凝聚力的学习体验，为自主学习和协作学习提供了可能，同时也为教师和学习者之间开辟了更多的沟通渠道，是未来教育发展的必然趋势。

互联网给职业学校教学改革提供了探索大规模实施混合式学习的可能性，从湖南铁路科技职业技术学院基于学习空间的"双课堂"教学方法、江苏省南京工程高等职业学校突破课堂教学时空的MOODLE学习、北京工业职业技术学院O2O的混合式学习模式实践可以看出，信息技术对学习理念、学习环境、学习资源和学习方法的改变,解决职业学校学生普遍存在的学习基础差异较大、学习主动性不强、自主学习意识不强、学习兴趣不浓等问题,提供了有效的解决方案。

1.职业教育混合式学习的发展

混合式教学课堂教学环节与传统这课堂大不相同,将传统的课堂学习和网络在线学习有机结合,综合采用课堂面授形式、在线学习形式和实践学习形式,其有效性主要体现在问题的解决与师生的互动,更能改善职业学校学生现状的学习习惯和学习需求,达到学以致用的良好效果。第一,教学方式上,借助互联网强化教师的主导作用。混合式学习是由教师指导下的任务驱动学习,学生可根据学习者的需求不同,选择授课教师网上指导,还可以选择虚拟教师指导。虚拟教师是由学校教师、企业教师等组成的教师指导团队,可根据学生提出的具体问题,给学生提供个性化的指导、辅导或教学内容安排,也会根据学生不同的学习特征和学习情况进行协调。

第二,学习方式上,强调学习者的主体地位。混合式学习采用线上和线下相结合的自主学习方式,面授和网络学习相融合,学习者成为真正的学习活动主体。学习者可建立虚拟伴读角色,一方面可以将课程要求显性化,时刻让学习者明确感知课程的要求,另一方面可以对学习者进行情绪上的安抚和调控,让学习者在任何时候进行学习都不孤独,此外还可以减少学习者因跟不上全班进度而引起的沮丧。

第三,评价方式上,实现数据性精准评价。混合式学习借助信息技术可以测量学习过程相关的内容,并通过获得的数据持续改善教学过程。因此,其学习评价方式可以借助互联网技术和云平台,建立数据性的评估模型,持续跟踪记录;同时,利用技术收集、判断学习者已掌握的知识和技能,进行诊断性评价,学习系统可以掌握更多关于学习者能力和水平的信息,为其提供越来越个性化的支持,实现基于网络的多元评价主体的评价。

2.职业教育混合式学习特点

第一,融合职业教育"行动导向"特点,形成以"线上+线下+职业化/岗位化"为核心特征且具有职业教育特色的学习模式,学习结构将被重塑,从传授式学习向自主学习、合作学习、探究学习方式转变,形成网络线上、线下的混合式学习;第二,倡导尊重学生的个性化学习需求,教学过程融入"学生主体,教师主导"的理念,教师以引导、支持、监督、控制为主,学生充分利用教师创建的具有职业/岗位特点的学习环境,自主开展学习,从被动学习向主动学习转变;第三,学习生态更加开放融合,教师从单纯的课堂"教学"转变为融入学生中的"导学",借助数据及智能评价工具相结合的"诊学"、课堂互动学习和在线辅导相结合的"助学",帮助学生更好地学习;第四,学习评价的多维度和全方位应用,可以依据更多元的评价指标来综合评价学生的学习效果,注重过程性评价,包括出勤率、考试和实践成绩、课堂及在线讨论的参与度、其他学习行为数据等;第五,学习技术更具媒体化和智能化,大数据、学习分析、智能学习工具深度融合,使学习更加泛在化和移动化,"人人皆学、处处能学、时时可学"成为一种常态。

"互联网+教育"将铸就一种全新的O2O教育模式,不仅突破传统的在线学习形式,还将与教、学、管、评等所有教育教学活动紧密融合,也就是说混合式学习的内涵将不断外延、提升,混合式学习将演变成"混合式教育",即"互联网+教育"。同时,万物互联时代的到来也促进了教育尤其是职业教育的重大变革,最直接的影响是学习者、教师、课程、实验实训设备、实训任务、学习过程数据等将不再孤立,成为一个互联互通的整体,这一变革必将深刻地引起教学方式、教学管理、教学评价的巨大变革,极大地提升职业教育的效果,为学习者的职业生涯规划提供有效依据。移动互联及智能终端技术的发展将使混合式学习更具便利性,同时使碎片化学习与学习者的课堂学习及生活融为一体。

(二)满足职业教育学习的移动学习

移动学习是基于传统在线学习发展的新产物,以智能终端为标志的移动互联网,对职业学校管理和课堂教学构成了严峻挑战,以移动互联网管理、互联网进课堂、生活实践进课堂、创新教育进课堂为主要特征的创新课堂模式,逐渐成为学校课程和教学改革的新趋势,智能终端在教育、教学中有着非常广阔的应用前景,也为开发者提供了可塑性极强的终端平台,是目前国内外移动教育和移动学习现实技术应用和研究的热点和未来的发展方向。

随着互联网通信技术的快速发展,在职业教育领域学习者使用移动智能终端由在线学习向移动学习进行转变,进行移动学习成为信息时代学习方式变革的必然趋势。网络化、虚拟化、智能化的移动学习模式的应用,不仅丰富了学习者获取知识、建构知识、应用知识的方式和途径,而且转变了传统学习理念,为实现个性学习和终身学习提供了强大的支撑,成为继远程学习和数字化学习之后的信息化教育理论、教育模式发展的新阶段。

1.职业教育移动学习的发展

移动学习将促进职业教育资源极大地开放,提升优质教育资源的使用效率,同时,使学习者的行为获得更大的自由,个性化学习、自主学习和终身学习,使移动学习真正得以实现。

第一,在学习工具上,越来越多使用移动智能终端。手机上课使用是未来职业学校课堂教学不能回避的发展趋势,教师要学会充分利用网络推送课程,使学习者利用移动智能终端获取教育资源、开展教学活动,建立教学社群,把虚实结合在一起,形成线上线下融合的育人环境和无缝的生态空间,实现教学交互,优化教学效果,降低学校设备配置成本。

第二,在学习情景上,主动学习将成为课堂教学的重点。学习情景将从原来的讲解型转向引导学习者自主学习型。无处不在的移动智能终端会倒逼教师角色的转变,从知识的讲授者变成学习过程的设计者;从面向内容的设计变成面向学习过程的设计;从讲课变成设计学习活动;从重视学习内容设计、资源设计变成重视活动设计。因此未来的课堂富有挑战性,培养学习智慧的主动学习将成为课堂教学的重点。同时,学习者从被动学习向主动学习转变,管束自己的学习行为,形成良好学习习惯。

第三,在学习资源传播方式上,多元化将成为发展方向。移动学习将促进职业教育资源的生产与共享方式的变革,移动互联新技术的应用也会使职业教育资源的传播方式向多元化方向发展,使学习者方便、快捷地获取满足学习需求的各种资源。

第四,在学习过程管理上,数据管理提高管理智慧化。物联网的发展和云技术的应用使移动学习过程中的学习、实践、实验、实训等所有数据，都按照学习者的学习轨迹、学习者的未来规划方向记录下来，都集于互联网资源平台上，形成对学习者的终身管理。为学习者的职业生涯规划提供有效依据，也可为学习的就业发展指明方向。

移动学习过程中移动智能终端设备的使用，可以为职业教育教学的科学决策提供数据支持。借助教学预警系统可以实时监控教育质量运行情况，提高管理水平；利用远程通信系统可以实现全方位、随时的远程监督和指导；利用可视化平台可以提升自动化管理水平、降低管理成本。整体管理趋势从基于经验的决策转到基于数据的智慧科学决策。

2.满足职业教育学习的移动学习特点

第一，职业教育课堂由固定式课堂向移动式课堂转变。在职业教育移动学习中，学习者使用手机等移动智能终端设备，突破了有线连接的束缚，学习过程不再局限在固定终端前，而是可以随时随地进行个性化、终身化学习。学习者和资源都是移动的，资源可也可以随时更新和修改。

第二，职业教育学习群体由固定学生群体到更泛在的社会群体转变。移动学习中的学习者可以不受时间和地点的限制，随时随地使用移动智能终端访问学习资源，突破了传统数字化学习的时空限制，移动学习可以发生在上班路上、吃饭时、睡觉前、等候人的时候，使学习过程更加便捷，学习环境具有灵活性。

第三，职业教育教学时效由固定限时到无时段限制转变。移动学习过程中，学习者可以通过网络媒体形式及时与其他学习者进行学习交流和问题探讨，提高学习效率；同时，教师可以根据学习者的移动学习过程轨迹记录，对学习者的学习情况进行量化分析并适时提供干预和指导。

第四，职业教育学习方式由单一传授向多元交流转变。随着学习者对知识的需求越来越大，只要拥有移动智能终端就可以进行移动学习，具有广泛性。学习者可以运用移动智能终端随时接收和观看网络课程，在第一时间接收到新知识、新信息，并实时参与讨论交流，表达和分享自己的观点；教师也可以利用网络及时对学习者进行指导，实时双向交互。

第五,职业教育学习内容由大模块向微型化转变。移动学习不同于一般的网络课程学习,而是通过无线设备在移动状态下的一种学习活动,移动课程的设计多为短小精悍的形式,以简练的方式集中说明一个问题或知识点,具有微型化特征。学习时间比传统学习方式的时间更短,知识传递效率更高,更容易抓住学习者的注意力,激发学习兴趣。

(三)职业教育全过程学习中的顶岗实习

职业教育全过程学习是指从学生入学到毕业离校期间,由学校承担的教学和管理活动,包括课堂学习、校内实训和校外实习等。其中,顶岗实习是职业教育全过程中综合性最强的实践性教学环节。顶岗实习以其工作岗位的真实性、工作环境的复杂性、工作经历与体验的综合性成为职业教育实践教学体系不可缺少的重要环节,对培养学生良好的职业道德、熟练的岗位技能、全面的发展能力具有重要意义。

1.互联网环境下职业教育顶岗实习的发展

顶岗实习是一项综合性的校外教学生产实践活动,在校生以学习者、生产者的身份,基于真情实景的实践环境、具体的生产任务环境进行实践学习,不同于校内学习和实训活动,顶岗实习的主体对象和任务发生多维变化,其教学管理、学习方式、沟通和评价变得更为复杂。同时,顶岗实习管理过程参与部门多,实习周期长,实习地点分散,实习岗位差异大,学生自制力有限,因此,建立基于互联网的顶岗实习管理平台,对顶岗实习实施网络化管理是未来顶岗实习发展的趋势。

建立基于互联网校企互动的"顶岗实习管理平台",形成虚拟化网络班级,重塑"实习监管"。学生可以通过平台进行个人简历维护、实习岗位查看、在线报名、在线填报实习过程记录,进行实习总结;同时,通过平台进行招聘信息查询、简历发送、实习岗位申请、请假申请、实习过程材料递交、实习周记和总结文件提交、实习资源下载、互动学习、成绩查询等信息;校内实习指导教师可通过平台随时掌控学习者实习状态,对其进行过程监管,包括推荐等级、实习推荐、实习过程跟踪记录、实习鉴定等,还可进行实习岗位申请审核、实习安排、实习计划编写、学生顶岗实习、对学生心理咨询、互动答疑、评比考核等;实习就业处教师可以对学生和指导教师基本信息管理、实习企业和岗位信息发布、设置实习岗位、实习统计分析、学生考核审核、就业信息统计等;企业和企业实习指导教师进行学生实习考勤信息记录、发布招聘信息、实习规范和内容制定、对学生进行现场指导及考核等,还可通过平台发布招聘信息,对学生进行在线评价、查看教学计划等。

顶岗实习管理平台为教师、学生、企业、家长架起异地沟通的桥梁,创新顶岗实习教学、管理和服务模式。互联网的便捷性、及时性和互动性的优势可以实现对顶岗实习的全过程的标准化、规范化管理、监控评价和学习指导。通过网络化顶岗实习教学和管理,将职业学校远程管理和企业现场管理相结合,学生、教师、企业和家长间异地实时交流,解决了顶岗实习与专业教学脱节的问题,突破时空限制,实现职业教育全过程学习的有效对接和全方位管理,对提高人才培养质量发挥积极作用。

2.基于互联网的顶岗实习特点

第一,实现网络化实习岗位推荐。依托顶岗实习管理平台,企业通过平台实时发布实习岗位招聘信息,学生随时、随地查看信息,对自己喜欢的岗位进行在线报名,同时实习指导教师可将招聘信息推荐给符合条件的学生。通过网络化手段实现岗位发布与应聘,有效解决了岗位信息发布的时效性问题,通过招聘信息公开化,学生在线报名、竞争上岗,有效激发了学习者实习积极性和自信心,另外,指导教师进行在线推荐,实时记录每个学生的推荐过程,为实习推荐公平性提供数据支撑。

第二,实现网络化实习过程跟踪服务。实习过程中,校内指导教师可通过平台及时掌握学生出勤情况、实习计划和实习项目,及时向实习学生发布通知信息,定期开展活动,加强师生、生生间的沟通交流。学生可通过平台上报实习过程记录、实习月度总结、实习综合报告及自评报告等;指导教师能够及时掌握学生实习动态、思想动态、实习困难等信息,并进行在线点评和解决问题。通过网络化管理,形成一个虚拟网络班级,使学生时时、处处感觉到教师、同学的帮助,让学生身在企业心系学校。

第三,实现网络化实习质量监控。实习上岗前,职业院校与企业制定实习计划,指定企业实习指导教师负责实习学生的管理并指导学生实习;企业实习指导教师以企业真实项目为载体,进行项目化教学,并将项目过程资源上传到网络平台,学生可及时掌握项目要点,更好投入工作。同时,学校通过平台接收丰富的行业资源,对资源进行教学化处理,分析工作任务的特征,结合一线真实项目案例,整理形成学校的专业课程体系,强化教学内容,与企业生产过程联动;通过以企业真实项目为导向的课程资源,不断完善专业课程建设。同时,企业实习指导教师可通过平台对学生实习效果进行总结和反馈,校内指导教师和企业指导教师形成合力,共同监控学生实习质量。

第四,实现网络化异地教学实施。为有效解决顶岗实习学生多、地域分散、教学活动组织难的问题,基于顶岗实习管理平台开展异地网络教学,将教学目标分解为具体的实训项目,在顶岗实习管理平台学习区建立教学资源,实习学生在实习企业根据企业软硬件及岗位需求,选择其中部分项目进行实习。另外,实施过程中指导教师根据学生反馈的知识点不足等问题,进行讨论与改进,同时将问题知识点的教学资源补充到学习区,为学生再学习创造条件。通过异地网络教学模式,满足了不同企业不同岗位的教学需求,同时,院校可以依据企业需求动态及时调整教学内容,实现教学与实践的紧密结合。

第五,实现网络化实习总结评价。通过平台真实记录学生顶岗实习的过程记录、实习月度总结、实习综合报告、自评报告、实习报告、参与讨论活跃度等数据,为指导教师评价、学生自评提供有力支撑。同时,通过顶岗实习管理平台,面向合作企业开展调研反馈,通过对调研信息的统计与分析,针对教学实习及学生培养过程中的不足,重构人才培养方案。

二、从2016年看职业院校互联网学习的发展关键

学生或学习者是教育的对象,是一切教育工作的核心,互联网学习的主体。从学习主体出发,来设计、规划、制定、落实、实施教育政策、制度、措施,才能见成效,见实效。职业教育互联网学习是一项复杂、长期的任务,是对职业

教育信息化建设的考量，数字校园建设的怎样、网络接入效果如何、资源建设是否满足应用需求等等，都要通过学生或学习者在学习中的应用得到验证和评价。因此，只有以学生或学习者为中心，以学生或学习者为主体，以问题为导向，来思考职业教育信息化建设，才能加快职业教育信息化建设的针对性、实效性，实现"人人可学、处处可学、时时可学"。

（一）深化对互联网学习的认识

从调研结果看，对职业教育互联网学习重要作用的认识还有待深化和提高。还有地方和学校还没有真正理解教育信息化的革命性影响，还没有深刻认识互联网对职业教育提出的新要求和新挑战，在推进职业教育互联网学习上的积极性还有待提高，力度有待加大。专门成立信息化建设机构负责推进的学校只有48.98%；还有51.21%的学校没有建立信息化建设研究团队，70.08%的学校没有建立教师在线教学研究团队，75.29%的学校没有建立学生在线学习支持团队。

信息化已经上升为国家重大战略，教育信息化已纳入国家信息化发展整体战略，加快职业教育信息化发展迫在眉睫。要充分认识互联网对职业教育的冲击，深刻理解信息化对教育的革命性影响，围绕互联网学习重新思考职业教育，重新思考职业教育课堂教学，在顶层设计上下功夫，以问题为导向，构建适合互联网学习的、满足学生或学习者学习需求的职业教育信息化发展制度、环境和体系。

（二）加强支持互联网学习的基础能力建设

调研显示，职业学校支持互联网学习的基础建设还不到位，与互联网学习的要求还存在较大差距。还未达到"90%的职业院校建成运行流畅、功能齐全的校园网"和"85%的职业院校按标准建成数字校园"的要求。还有相当数量的学校未达到"每百名学生拥有计算机台数30台"的标准。校园互联网接入率88.14%，但还未达到"运行流畅、功能齐全"的要求，校园网主干带宽达到10000M的学校只有9.81%，还有30.97%的学校校园网主干带宽在1000M及以下,接入到桌面带宽达到100M的学校还不到一半;有60.83%的学校每百名学生拥有计算机台数在30台以下。

校园网是互联网学习的基本要求,要加快推进"宽带网络校校通",完善网络教学环境,基本实现职业学校宽带网络全覆盖,提升出口带宽。地方教育行政部门要以加强省级职业教育网站建设为重点,创新运行机制和管理模式,建设泛在、先进、高效和实用的支持互联网学习的基础设施。职业学校要加强数字校园建设和应用,建设满足学生互联网学习的、满足校企合作需要的必备基础设施。

(三)提升职业学校互联网学习的服务能力

调查显示,学校互联网学习的环境建设还不完善,可进行互联网学习的场所、支持互联网学习的系统平台、课程资源、资源共享、学习空间等与学习需求间还存在较大差距。在职业学校的普通教室、多媒体室、实验室、实训室、多功能报告厅等学习场所,可以满足所有学生上课使用网络教学的学校数量仅有31.28%;还有17.01%的学校没有教学资源应用系统;仅有5.21%的学校提供的在线课程数量占学校所有课程超过50%;校本在线课程或教学资源无共享服务而只在本学校范围内使用的学校占74.18%;还有56.11%的学校没有建网络教学/学习平台。

要统筹规划国家和地方平台建设,加快推进职业教育资源平台和管理平台建设,有效引导职业学校适度、科学地进行系统建设。要加强资源平台和管理平台的整合集成,形成覆盖全国、协同服务、互联互通的职业教育云服务体系,支撑职业教育教育教学、科学研究管理。建立健全数据资源保护与开放机制,加强基础数据的管理与应用,实现多方共享和有效对接。同时,加快具有职业教育特色的产教融合、校企合作的支撑服务系统建设。职业学校要以标准化校园网建设为基础,重点建设仿真实训基地、网络教室、远程教育培训中心、多媒体应用中心等数字化场所和设施。在重点产业、重要领域和战略新兴产业中,率先建立学校和企业共享的资源平台中心,采用"一中心对多点"的方式,100所高等职业学校和1000所中等职业学校试点应用,让更多的职业学校学生能通过网络共享实时生产现场,共享实习过程。

(四)营造良好的互联网学习环境

调查显示,学校互联网学习服务还有很大的提升空间,支持互联网学习的网络教育/学习平台、组织实施机构、相关培训、经费投入等方面还很有限。仅有24.08%的学校可以让专任教师注册个人网络空间;还有20.48%的学校对在网络接入及教学资源使用未免费;尚有7.7%的学校无教职员工信息技术知识和技能等相关培训;83.74%学校平均每年投入信息化建设资金占学校建设投入资金总额不到30%。

要加大对职业教育信息化建设的投入,加大职业学校用于信息化建设的经费总量;要全面推进"优质资源班班通",建成职业教育数字教育资源公共服务体系。继续推进职业教育数字化资源共建共享计划,进一步加大优质资源开发,探索建立符合中国职业教育特点的优质资源应用模式,通过"名师课堂""名校课堂"等,以点带面,以一带多,广泛推广个性化学习、自主学习等新型学习模式和微课程、翻转课堂等新型教学模式,为全面提高职业教育质量提供有力支撑。大力推进"网络学习空间人人通"。建立基于云服务模式实名制、组织化、可控可管的网络学习空间,开展教师研修模式、教与学方式的变革探索,促进校内外教育的有机结合,实现师生、生生、家校的多元互动。

(五)加快提高职业院校广大师生的信息素养

调查显示,学生在互联网学习上的学习动机、学习效果、学习体验还不强,学生运用互联网学习的水平和能力还需要下大力气提高。仅有32.50%的学生经常通过互联网学习;利用互联网完成学习的学生仅有25.27%;在课堂上运用互联网进行学习的学生仅占14.85%;在校园网上选择提供的课程进行学习的学生仅有37.31%。

互联网学习是未来学习的一种趋势,是对学生和学习者的一项要求,在校期间,是培养学生学会互联网学习的重要时期,也是养成运用互联网学习习惯的一个最好时段,需要教师掌握互联网学习的方法、途径,将其运用在课程教学中,有意识地培养学生互联网学习的能力。因此,要加快提高职业院校广大师生的信息素养,大力开展职业教育工作者尤其是教师的信息技术应用能力培训,全面提高信息技术在管理、教学中的应用水平,为学生掌握互联网学习、养成互联网学习打下坚实的基础。

三、从2017年看职业院校互联网学习的发展关键

综合2016年全国职业院校互联网学习调研结果和2017年部分地方职业院校互联网学习调研结果,可以看出,职业院校互联网学习的环境还正在构建和形成,职业院校互联网学习的开展还是一个薄弱环节,职业院校互联网学习的成熟度还在提高;调研揭示出当前职业教育互联网学习的主要矛盾,即开展互联网学习的强烈需求与不平衡不充分的建设之间的矛盾。当前,中国特色社会主义进入了新时代,教育发展也进入了新时代,因此,职业教育互联网学习建设和发展要以习近平新时代中国特色社会主义思想为指导,坚持创新、协调、绿色、开放、共享新发展理念,聚焦职业院校互联网学习的主要矛盾,以适应多样化学习需求为导向,以教师和学生满意为标准,破解突出问题,建立健全"均衡优质的职业教育互联网学习服务体系",推进职业教育互联网学习全面、均衡发展。

(一)以破解主要矛盾为抓手,进一步加强校园网络建设,创造优良互联网学习环境

当前,我国"互联网+"行动计划、促进大数据发展行动纲要等一系列战略措施加快推进,云计算、大数据、物联网、移动计算等新技术逐步广泛应用,经济社会各行业信息化步伐不断加快,社会整体信息化程度不断加深,信息技术对教育的革命性影响日趋明显。职业院校信息化建设正在加快推进,但还存在着校园互联网接入率88.14%、9.81%的主干宽带达到10000M、47.92%百兆桌面[1]和50%左右的互联网学习接入性满意度之间的矛盾,还存在着55.49%可

---

① 耿洁,刘宏杰等.职业教育互联网学习的现状与对策研究[J].中国电化教育,2017(6):31—32.

上网教室、28%有线接入端口数或无线密集覆盖且能全部满足所有学生上课使用网络教学资源(人均带宽2M以上)的学校[1]与50%左右的互联网学习条件满意度之间矛盾,还存在着只有5.12%的学校提供的在线课程数量占学校所有课程比例超过50%、0.31%的学校在线课程比例达到100%[2]与50%左右的互联网学习需求满意度之间的矛盾,还存在着43.89%的学校建有网络教学/学习平台、64.68%的学校教师没有线上辅导[3]与50%左右的互联网学习支持服务满意度之间的矛盾。见图5—1和见图5—2。

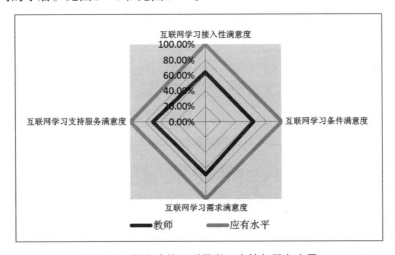

图5—1　职业院校互联网学习支持与服务水平

　　①耿洁,刘宏杰等.职业教育互联网学习的现状与对策研究[J].中国电化教育,2017(6):31—32.
　　②③同上。

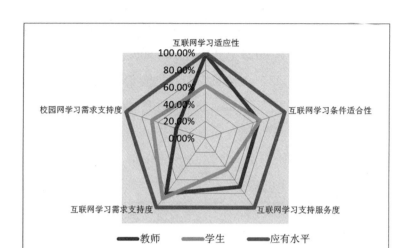

图5—2　职业院校教师互联网学习满意度

　　因此,需要将互联网学习作为学校教学、科研、教研、管理的基点和核心,作为信息化建设的最终目标,准确把握"服务全局、融合创新、深化应用、完善机制"的原则,进一步加强校园网络建设,扎实推进数字校园建设项目,推动形成基于信息技术的新型教育教学模式与教育服务供给方式,构建教师满意、学生满意的互联网学习优良环境,全面提升互联网学习的水平和质量。

　　(二)以突破认知瓶颈为着力点,提高教师对互联网学习的认识,深度推进互联网教学

　　教师是立教之本,兴教之源。互联网学习的开展关键取决于有没有一支知技术、懂方法、会应用的高水平教师队伍。没有高水平的教师队伍,就不能有效地推进互联网学习。调研显示,33.13%的教师对组织开展互联网学习持不确定或否定态度,60.81%的教师无法很好实施互联网学习或无法适应互联网学习,36.51%的教师对互联网改变自己教学方式持不确定或否定态度,35.99%的教师对互联网已经对课程实施产生整体性影响持不确定或否定态度,36.43%的教师对互联网已经对课程评价产生整体性影响持不确定或否定态度,还有34.73%教师平均每天互联网教学时长不足0.5小时,54.42%的教师在实训课程中只开展过1—2次互联网学习或没有开展过。调研还显示,教学

任务过重是影响教师开展互联网学习首位因素,教师还缺乏充足的时间、充足的精力对互联网学习进行认识和感受;教师在组织开展互联网教学过程中还主要以知识传授为主,还主要是利用互联网进行教案课件类资料查找、教辅试卷和习题的应用,对在线学习活动的组织、探究式学习、协作学习的开展还缺少实践探索。见图5—3。

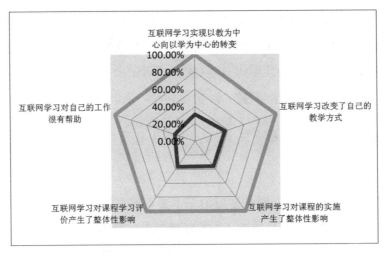

图5—3　职业院校互联网学习对教师的影响

因此,需要在职业教育信息化建设中,抓住教师这个关键群体,拓展多种渠道,建立多条路径,采取多种方式,加大教师对互联网+、信息技术发展的认识,加大教师对我国信息化建设政策、互联网+、大数据、云计算、智能制造等政策的认识;建立信息技术与教学深度整合的推进机制,构建以信息技术为支撑的院校考核制度,将信息技术运用程度作为评价工作的重要指标,将开展互联网学习作为教师评价的重要指标,创造开展互联网学习的良好环境。

（三）以提高自制力为难点,提高学生对互联网学习的兴趣,精准引导互联网学习

职业院校学生正处在青春期,具有强烈的好奇心和探究意识,对互联网认同度高,互联网学习意愿较强,调研显示,84.11%的学生每天进行互联网学习超过半小时,68.84%的学生认为互联网为他们创造了积极的学习体验。但还

存在着自控力不强、适应度不高的问题,在一定程度上还存在着互联网依赖,如67.55%的学生会出现不能把握自己上网时间,66.31%的学生不能上网会出现焦虑不安。

因此,需要充分利用互联网对学生强大吸引力的特点,将学生对互联网的高度认同转化为深厚的学习兴趣,将深厚的互联网学习意愿转化为探究性的互联网学习行动,提高教师信息化条件下的课堂教学策划能力、设计能力、组织能力,构建互联网环境下的课堂内外、学校内外网络化的泛在学习环境,建立学习追踪制度,实现学生学习过程、实践经历记录的网络学习空间呈现,精准引导学生互联网学习,让学生知学、能学、会学、乐学。

(四)以化解资源困境为重点,加强互联网学习资源建设,提供更多优质资源

数字化学习资源是互联网学习的基本要素和重要支撑之一。调研显示,53.66%的教师和37.16%的学生认为互联网学习资源还不能满足学习,42.05%的教师和22.74%的学生认为校园网上资源还不能满足学习;只有5.12%的学校提供的在线课程数量占学校所有课程比例超过50%;74.18%的学校校本在线课程或教学资源无共享服务等。

因此,要加快制订数字教育资源相关标准规范,完善多机制、多途径整合优质数字教育资源的制度,加快探索数字教育资源服务供给模式。继续实施国家示范性职业学校数字化资源共建共享计划,探索实施职业教育数字资源试点专项,以先建后补方式继续开展"职业教育专业教学资源库"建设,推动职业院校广泛应用,有效提升数字教育资源服务水平与能力。

(五)以人为根本,着力提高广大师生信息素养,全面提高互联网学习成熟度

未来互联网对学习的革命性影响将浸入到教与学的全要素、全方位、全过程之中,对教师和学生而言,互联网学习是一个绕不开、躲不了、无法回避的现实,需要高度重视、认真对待,尽心、用心、全心地接受、适应、掌握和运用。

要贯彻落实《教育信息化"十三五"规划》提出的要求,建立健全教师信息技术应用能力标准,将教师信息技术应用能力纳入教师培训必修学时(学分),将能力提升与学科教学培训紧密结合,有针对性地开展以深度融合信息技术为特点的课例和教学法的培训,培养教师利用信息技术开展学情分析与个性化教学的能力,增强教师在信息化环境下创新教育教学的能力,使信息化教学真正成为教师教学活动的常态。着力提升学生的信息素养、创新意识和创新能力,培养学生养成数字化学习习惯,促进学生的全面发展,发挥信息化面向未来培养高素质人才的支撑引领作用。

四、从2018年看职业院校互联网学习的发展关键

教育信息化具有变革教育的巨大潜力,是破解新时代的职业教育矛盾和推动职业教育现代化的重要途径。按照面向新时代职业教育改革发展的新要求,职业教育信息化要在即注重"物"的建设同时又要满足"人"的多样化需求和服务转变,扎实推进职业教育信息化融合创新发展,切实推进职业学校互联网学习成效的全面提高。

(一)积极推进职业学校智慧校园建设,创设智慧互联网学习环境

智慧教育正在引领全国教育信息化的发展方向,成为技术变革教育时代教育发展的主旋律。[①]但在智慧校园的建设中,校园网络基础设施是最基础的支撑,没有完善的基础设施,"建设智慧校园""创设优良互联网学习环境"将是一句空话。从本次调研可以看出,职业学校"设备资源"与"课程资源"分值较低,反映出校园网络基础设施和资源尚不能充分满足学习的需求。在学生问卷中,"互联网学习条件"维度的"在装有智能教学设备的教室里,使用这些设备的老师比例"均值4.14分,"我上课的教室配备智能教学设备(白板、一体机黑板等)的比例"均值3.93分,表明职业学校班级装备智能教学设备以及教师

---

① 杨现民,余胜泉.智慧教育体系架构与关键支撑技术[J].中国电化教育,2015,(1):77.

使用这些设备用于教学的比例较高,与教师问卷中"使用互联网教学的目的"相匹配,但涉及课前、课中、课后使用互联网开展学习的三个指标均值则明显下降,均不到3.5分,"我的学校无线上网速度"均值仅为2.89分,表明职业学校互联网学习的基础条件还不尽理想,无论是硬件和实际使用情况都有很大改进的空间。

数字校园/智慧校园中基础条件的建设是一个长期的过程,不可能一蹴而就,要切实加大教育信息化投入力度,充分发挥政府和市场两个方面的作用,为推进教育信息化提供良好的政策环境和发展空间;积极鼓励企业投入资金,提供优质的信息化产品和服务,实现多元投入、协同推进,为创设良好的互联网学习环境提供资金保障。职业学校应普遍施行由校领导担任首席信息官(CIO)的制度,并明确责任部门,全面统筹本校信息化的规划与发展,为创设良好的互联网学习环境提供组织保障。要以智能引领,依托大数据、人工智能等,推动职业教育信息化资源的开发与共享方式、教学评价方式、人机交互形式、群体协作与沟通方式等各方面向智能化方向演进,支撑和促进解决职业学校教学深层次问题和难题。

(二)精准提升职业学校教师整体信息素养,全面加强信息技术与教学融合

培养高素质的人才,教师能力是关键。信息时代的教师既是信息社会的公民,同时又扮演着教师的职业所决定的作为知识传播者与信息素养教育施教者的角色。因而教师信息素养具有双重含义,一是作为信息社会的公民所应具备的个体信息素养,二是作为信息社会的教师所应具备的职业信息素养。

在信息时代,教师信息技术整合及应用能力成为影响课堂教学的关键。本次调研显示,职业学校教师在网络态度得分最高,网络技术整合教学知识得分最低,表明教师具备积极的网络教学态度,表现为实践教学中运用网络技术融合教学知识能力不足;整合网络技术的学科教学知识水平较低是因为职业学校教师,尤其是专业课教师缺乏教学理论知识,教学知识明显薄弱,从而影响其开展技术融合教学内容的自我效能。在教师问卷的三个维度中,"使用互

联网教学的目的"分值最高,其中"我认为使用互联网教学能够有利于学生接触更多的学习资源"指标均值达到4.03分,"我认为使用互联网教学能够满足学生的个性化学习需要"和"我认为使用互联网教学能够提高学生的学习兴趣"指标均值达到3.96分,但教师"为学生布置的需要使用互联网才能完成的学习任务"维度分值最低,"使用互联网信心"维度中的指标"我掌握制作、开发网络课程的方法"均分只有3.19分,再次表明虽然教师对使用互联网教学的态度是积极正向的,但教师实际的信息素养制约了他们在实际工作过程中开展和实施互联网教学。

《国家中长期教育改革和发展规划纲要(2010—2020年)》明确"造就高素质专业化教师队伍",《教育信息化十年发展规划(2011—2020)》强调"提升教师信息化教学能力",《教育信息化"十三五"规划》要求"教师信息化教学能力显著提升",《教育信息化2.0行动计划》要求"大力提升教师信息素养","实施教师信息素养全面提升行动",《中共中央 国务院关于全面深化新时代教师队伍建设改革的意见》要求"推动教师主动适应信息化、人工智能等新技术变革,积极有效开展教育教学,到2022年实现教师信息素养普遍提高"。要全面贯彻落实政策对教师信息能力及与教学融合的能力需要切实可行的制度和办法。建议制定职业学校教师信息素养标准,明确职业教育教师信息素养的特征、内涵,探索建立模块式的职业学校教师信息素养与教学理论融合的课程体系,促进教师信息技术与教学知识的同步提高,实现培训的精准性和有效性;统筹职业学校教师信息素养培育和信息化教学能力培养,组织开展多类型、多层级的竞赛与活动,扩大交流与学习,营造教师信息技术与教学深度融合的良好氛围,实现教师从"能融合,会融合"到"能创新,会创新"的转变。

(三)精准培育职业学校学生信息素养,创造开放友好的互联网学习氛围

调研显示,学生问卷7个维度16个指标均值最高的"信息使用"为3.81分,未超过4分,反映职业学校学生信息素养整体偏弱;"精力不集中""遇到技术困难"是互联网学习中最大的障碍;"网络学习空间"中的"我熟悉网络学习空间

中的各项功能""我会经常维护我的网络学习空间""我常常访问我的网络学习空间"3个二级指标均值在相应指标模块中排列最后,反映学生尚未形成稳定的、好的互联网学习习惯;"虚拟环境下的仿真训练"的3个二级指标在相关指标模块中排列倒数,反映学习在虚拟仿真学习资源和真实的环境之间还存在较大差距;"协作学习"中的"我担心其他同学对我的负面评论""我担心我的帖子被其他同学忽略""我担心我的互动伤害了其他同学的感情"3个二级指标在相关指标模块中排列倒数,反映学生尚未适应开放的学习环境,尚未建立良好的学习心态。

学生是学习的主体和中心。调研中反映出的学生互联网学习中存在的问题,表明职业学校学生互联网学习的自我认识、自我协调、自我控制、自我激励不足,在互联网学习能力、学习习惯、学习方式、学习态度上还需要大力提升。目前,职业学校的学生都是在网络环境下成长起来的"网络原住民",他们生长在"网络就是世界"的时代,需要具备驾驭信息、获取信息、传递信息、存储信息、加工信息及表达信息的能力,需要具备运用信息技术进行自主、高效的学习及与他人交流的能力,需要具备信息意识、信息道德、法律意识与社会责任感。因此,要在提高教师信息素养的基础上,把培养学生信息素养的各要素整合到教育教学的全过程,贯穿于学生学习和各类知识、各项技术中。建立学生信息素养培育档案,将其列入综合素质测评之列,以评价促培育,以评价促养成,全面提升学生信息素养。

(四)重点关注中职学校和西部互联网学习,统筹解决区域发展不平衡问题

调研显示,各区域间互联网学习、中高职学校间互联网学习存在较大差异。一是高职高专学校和中等职业学校互联网学习存在明显差异。高职高专学校学在学习环境、学习内容、学习效果、网络学习空间、网络信息素养、学习障碍等6个方面均整体好于中等职业学校学生。二是西部中等职业学校学生在互学习环境、学习内容、学习效果、网络学习空间、协作学习、网络信息素养、学习障碍等7个方面均低于东部。三是各区域互联网学习存在不平衡。教师

问卷中的3个维度和学生问卷的7个维度东部均值整体高于比西部,其中,网络信息素养、网络学习空间、学习环境方面高于西部0.1以上。教师信息素养整体尚好,东部教师对"互联网教学的目的"认识较西部深刻,"使用互联网教学的信心"也较西部强烈,在"需要使用互联网才能完成的学习任务"上东部和西部没有显著差异。学生信息素养整体低于教师,东部学生信息素养明显好于西部,其中,东部学生的"网络信息素养"优势突出,"网络学习空间"操作和应用能力、校园"互联网学习环境"具有优势。同时,东部学生"互联网学习内容"的把握上和"互联网学习效果"的满意度上,尤其是对课程深层次理解和虚拟环境下的仿真训练明显均高于西部。见表5—1。

表5—1 东西部教师和学生信息素养对比

问卷类型	维度	东部	西部	差值
教师问卷	使用互联网信心	3.8705	3.8249	0.0456
	需要使用互联网才能完成的学习任务	3.7761	3.7595	0.0166
	互联网教学的目的	3.911	3.8624	0.0486
学生问卷	学习环境	3.5803	3.4768	0.1035
	学习内容	3.7165	3.6350	0.0815
	学习效果	3.7255	3.6479	0.0776
	网络学习空间	3.6518	3.5459	0.1059
	协作学习	3.4905	3.4208	0.0697
	网络信息素养	3.8434	3.7310	0.1124
	学习障碍	2.8976	2.9665	-0.0689

长期以来,中等职业学校与高职高专学校、东部与西部教育发展存在不平衡。互联网学习不同于传统学习的本质是能够打破空间、时间和地点的限制,让任何人、任何时间、任何地点可以学习任何知识,让任何人、任何时间、任何地点可以享受名师、名课的优质资源。要加快、加大网络学习空间建设,重点加强西部职业学校网络学习空间的建设与应用,扩大教师和学生开通实名制网络学习空间的范围,建立人人皆学、处处能学、时时可学的泛在学习环境。组织开展优秀网络学习空间应用与创新的评选,扩大空间应用与创新的优秀区域、优秀学校的影响力,推广空间应用与创新的优秀区域、优秀学校的经验

和做法,带动西部在高起点上开展互联网学习。

五、从2019年看职业院校互联网学习的发展关键

(一)从具备互联网学习形态到形成完善的互联网学习形态,需要向更高水平发展

2019年职业教育领域互联网学习发展水平是多年来职业教育信息化建设的一个综合反映,处于3~4区间的教师和学生发展水平综合指数反映出职业教育信息化在基础设施建设、平台与资源开发应用、师生信息素养等方面取得了扎实的发展成果,互联网学习形态已经具备,但互联网学习环境与应用水平还不够高,要达到较好水平以上,还有很大的发展空间。未来随着新一代信息技术和5G等移动通信技术的广泛应用,将加快职业院校网络全覆盖、上网速度更快、网络终端使用更方便等目标的实现,达到校校用平台、班班用资源、人人用空间的高水平互联网学习。

(二)从能开展互联网学习到能很好地开展互联网学习,需要向更高质量发展

2019年职业教育领域互联网学习环境、互联网学习开展两项发展水平指数均超过了3的这一"及格线",但存在具有职业教育特色资源建设与应用不足、互联网学习地区不均衡差异等深层次问题,还有很长的路要走。资源是互联网学习除学生、教师、平台外的第四个重点要素,优质数字教育资源尤其是能够满足职业教育产教融合、校企合作的优质实训资源供给成为影响职业教育领域互联网学习向高质量发展的关键因素之一,随着5G与人工智能、大数据等新技术的融合,AI及大数据、VR等技术与教学场景的结合,将会有越来越多的仿真实训资源,让学生在线上体验生动、真实的学习场景。均衡是互联网时代让学习打破空间、时间和地点的限制,使任何人、任何时间、任何地点可以享受名师、名课等优质教育资源,因此,加大互联网学习开展,实现优质资源全国

各地的班班通，才能达到互联网学习的高质量发展。

（三）从师生能进行到能很好进行互联网学习，需要加大师生信息素养提升

2019年不同年龄和教龄教师各项指数、中职和高职师生各项指数差异反映出在互联网学习中存在教师互联网环境下教学方式探索、学生互联网环境下学习方式形成、中高职教师与学生整体提升等关键问题。教师和学生是互联网学习的两个应用主体，也是《教育信息化2.0行动计划》提出的"三全"目标中重点突出的两个主体，加大教师和学生信息素养提升已经得到教育领域的共同认可，正在付诸行动，需要让广大教师和学生建立互联网思维，自觉、主动地提升自我的信息素养，使教师互联网教学和学生互联网学习成为习惯。

六、后疫情时代互联网学习高质量发展的关键

2020年的新冠肺炎疫情助推互联网学习在职业院校的进程，当每一位教师都可以开展和进行互联网学习时，解决了"能"的问题，同时也提出了"好"的问题，即如何开展和进行高质量的互联网学习。围绕高质量将成为未来相当长一个时期内，职业院校互联网学习需要解决的重点和关键。

（一）构建高质量互联网学习发展的内涵

党的十九大报告指出，我国经济已由高速增长阶段转向高质量发展阶段。"高质量发展"不仅仅指经济的高质量发展，涉及政治、经济、文化、教育等诸多方面。要高质量发展意味着高质量的配置、高质量的供给和高质量的需求。就互联网学习而言，高质量互联网学习的配置需求高质量的基础设施、高质量的数字资源，高质量互联网学习的供给需要高质量的教学设计、高信息素养的教师，高质量互联网学习的需求需要高信息素养的学生。

(二)提高高质量互联网学习的配置

1.推进高质量的互联网学习基础设施建设

持续提升互联网学习的基础设施才能高质量。平台软件拥堵不稳定、网络卡顿、噪音大、PPT显示不全等是这次疫情"停课不停学"最初阶段遇到的问题,如何满足大规模同时稳定的在线学习,对不同地区、不同条件下的基础设施提出了高要求。在一些偏远的山区,在线学习的条件不完备,一个典型的例子是家住西藏自治区昌都市、就读于江苏食品药品职业技术学院的斯朗巴珍在疫情暴发初期,在开学上网课时,只能爬到雪山山顶才能收到网络信号,在学校和《中国青年报》等媒体的联动下,中国移动西藏公司昌都分公司连夜开工迅速建成一座新基站,斯朗巴珍得以在家上网课。高质量就是要在技术不断进步的条件下,基础设施快速更新和完善。

目前,要加大提升教育信息化基础设施建设的力度,改造升级职业院校宽带网络,推动职业教育网络提速增智,实现互联网百兆进校,教育专网百兆互联互通,加快推动5G网络校园全覆盖。采用"云—网—端"架构模式,建设数字校园应用中心。积极推进5G、人工智能、移动互联网、VR/AR、大数据、云计算等技术应用,探索校园高清视讯远程协同教育教学、5G+VR/AR沉浸式教学、基于人工智能的教育教学评测与管理、基于虚拟化桌面云终端的云课堂或云教室等。加强师生移动学习终端设备配备,打造"教育无处不在,学习随时随地"的现代化教学模式。

2.推进优质的互联网教学数字资源建设

疫情期间,教育部依托国家体系整合各方力量,汇聚社会各方资源,千方百计提供丰富的学习资源:一是鼓励开展东西部和区域间、校际的协作,优质学校通过网络课堂帮扶薄弱学校开展线上教学,扩大优质教育资源覆盖面;二是鼓励企业积极共享优质教育资源,优先向需求迫切的地区,特别是湖北等疫情严重的地区,提供"互联网+教育"的技术支持和应用服务。这次大规模的互联网学习,将优质互联网教学数字资源的供给问题提到议事日程,没有优质的数字资源,很难上"好"一堂网上课。

加快加大精品在线网络课程的建设。在《国家职业教育改革实施方案》中,遴选认定大批职业教育在线精品课程。根据网络课程的特点,碎片化网络资源,重点针对课程中的重难点拍摄精品微视频。教学内容直接指向核心知识,突出"精",提高课堂效率。

(三)增加高质量互联网学习的供给

1.打造高质量的互联网教学设计

疫情期间,学生认为互联网上教师的授课,把教室的课堂"搬到"网上,学习效果一般。要解决这一问题,需要设计一堂"好"的在线课,开发出"好"的线上教学模式;需要从选择操作简便、适合互动教学的直播平台和教学平台,到熟练掌握每个平台的使用,再到集体研讨、备课,课前、课中、课后的教学组织,上课,课后的反思与完善等方面,进行系统、全面的打造。

鼓励教师建立互联网思维,用互联、协作、共享的互联网思维,利用网络学习空间开展协同备课和网络研修,形成共同在线备课、教学研究、资源共享等一体化协作交流机制,开展网上课堂、互动教研、交流评价等相关工作,学会引导学生开展在线学习、在线考试、在线评价等新型学习方式。深入推进网络学习空间人人通应用,创设线上线下混合式学习、课内课外各学科互相融通的学习新生态。推进基于人工智能的教育教学方法创新,学会通过教育数据挖掘、学习分析、深度学习等技术,监测学习者的学习进度与状态,进而能够全面有效进行智能诊断、资源推送和学习辅导等,开展差异化的"教"。

2.落细落小教师信息素养的提升

基于物联网、云计算、大数据新的三大基础设施的互联网时代变革了社会发展模式、组织创造价值方式,变革了人的思维方式、行为方式,所有事物的逻辑都架构在新的三大基础设施的互联网逻辑之上,其本质是对传统行业进行智能化、数据化和信息化的革新,推进互联网与各行业的融合以及相关领域间的融合。然而,从这次疫情中,却反映了一些教师信息素养亟须提升的细节问题,如不能很好地使用直播软件的辅助教学功能、对信息化教学设计理解不透导致实践能力较弱等,部分教师把互联网学习当成是信息技术载体与传统教学模式衔接,简单地把课堂从线下搬到了线上。调查显示,超过50%的教师对"互联网+教育"的相关理念已经了解,但是在日常教学中并不会运用。[①]这些问题归结起来,是对互联网学习认识不够、信息技术应用能力不足、互联网教学方法不灵活。

要加强对教师理论指导。需要建立分层分类培训体系,通过多种方式促进教师转变认识,提高教师互联网学习的理论水平,让教师会选择适宜的互联网教学模式,选择合适的互联网教学平台,灵活精准地实施互联网学习教学,将互联网思维融入课程设计中,变革传统教育模式,重构课程结构、课程流程和课程内容。

(四)提升互联网学习需求的高质量

加强学生信息素养培养,将学生信息素养纳入学生综合素质评价。实施学生信息素养培育行动,启动职业院校学生信息素养测评,研制职业院校学生信息素养评价指标体系,建立评估模型。建立基于信息技术核心素养的学生创新实践能力培养机制,提高学生使用网络学习空间中的数字资源、网络作业、网上自测、拓展阅读、网络选修课等开展自主学习的能力,鼓励教师更加广泛地提供学习指导服务、探究式学习支持,帮助学生养成自我管理、自主学习的良好习惯,促进学生学习方式变革,探索"个性化"学习的有效路径。

---

① 侯小菊,刘延申,陆尔云.疫情视域下高职院校教师信息素养分析与提升对策——基于203个国家级职业教育专业教学资源库监测运行数据分析[J].江苏高职教育,2020(2).

第六章　职业院校互联网学习生态实践案例

一、2016年面向课堂教学的应用创新

在职业学校信息化教学实践中,信息技术促使传统课堂向数字化、智能化、泛在化方向发展,许多学校开展"数字化学习""智能学习终端"等教学实践,对课堂教学进行了有益的探索。

(一)基于学习空间的"双课堂"教学方法

湖南铁路科技职业技术学院运用信息化技术形成了一种比较成熟的混合式学习模式——双课堂教学。经过三年1000余名职业教育领域学习者的教学实践,取得显著成果。双课堂教学模式是一种面向职业教育领域的新型的混合式学习形式,是将传统的课堂教学模式与网络学习有机整合,既发挥传统课堂教学中教师主导作用,又借助于网络学习体现学生主体地位,从而降低教学成本、提高学习效率,实现教学效果的最优化。

双课堂教学在不改变原有师资配备(即1位教师+1个教学班学生)的前提下,通过"解构课程""重构课堂"开展不同步的"线上+线下"学习形式,采取"自主学习"+"探究学习"两阶段课堂组织。原一个教学班被分为两个小班,在同一授课时间内一个小班在"自主学习",另一个小班在"探究学习",两个小班采取不同步教学,实现了小班化教学,师资配比为1(教师):20(学生)。自主学习由教师利用学习平台提供线上资源,组织学生开展自主学习。自主学习通过线上学习平台进行,同时可获取每一名学生的学习数据,并进行分析;探究学

习则由教师和学生一起解决自主学习中存在的问题并学习与之相衔接的新知识,根据课堂性质可以采取探究、讲授、实操等多种学习形式。双课堂教学在不增加学生课外负担的基础上,实现了以学生为主体的个性化教学,有效提升教学效能。

以《铁路特殊条件货物运输》课程为例,该课程适应铁道交通运营管理专业大二的学习者或铁路货运岗位的从业者,从2014年初至今已有近600位学习者选择学习,见图6—1和图6—2。选择该课程学习的学习者先进行学习注册,即点击MOOC主页左上角"学习注册",即可进入,进入界面。MOOC采取实名注册制度,可以自行选择学习内容,注册后向学习者开放权限。见图6—3。

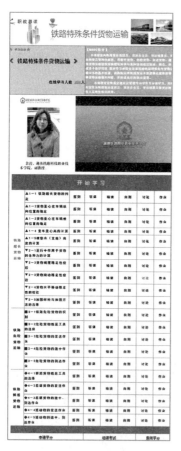

图6—1 《铁路特殊条件货物运输》课程主页

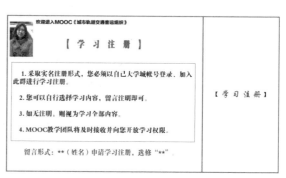

图6—2 学习平台学习注册

图6—3 学习平台注册方式

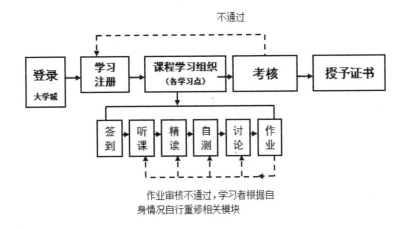

图6—4　学习平台学习环节

学习注册完成后,学习者根据选择的学习内容开始学习。学习要经过签到、听课、自测、讨论、作业等五个环节,见图6—4。签到采取电脑签到或手机签到两种形式;听课为精读时长为8~12分钟的微视频;自测又称为互助练习,学习者完成5~10个学习题,可以留言方式答题或互相解答;讨论分为自发问题讨论和专题讨论,学习者围绕给定讨论题进行,讨论题分为基础题、拓展题与信息搜索题等三部分,学习者可自行发帖组织讨论,讨论积分记入学习评测。作业采取在线考试,时长为20分钟,不同学习者不同时段选择作业则考试内容不尽相同。课程的全部学习点学习合格后,可申请结业。

(二)突破课堂教学时空的MOODLE学习

江苏省南京工程高等职业学校2011年参与"国家示范性职业学校数字化资源共建共享计划"项目,通过共建共享拥有了6个核心专业54门主干课程及全部文化基础课程教学资源。2012年,学校选取4个班级尝试MOODLE平台课堂教学研究与实践,2013年起,MOODLE平台逐步在全校推广应用。国家示范性职业学校数字化共建共享资源全部以知识点为单位打包为积件,积件可以在开源、免费的MOODLE平台上按学习需求任意组合,实施模块化动态学习环境,实现信息技术与课堂教学的深度融合。基于MOODLE平台互联网学习突破了课堂教学时空,点燃了教师应用信息技术改革教学模式的热情,激发了学生在信息化环境中的学习动力,有效地提高了课堂教学质量。

学校依托MOODLE平台建构虚拟学习共同体,改变传统课堂教学的强迫性、封闭性、权威性,把开放的民主的、共享的、合作的、创新的、自主学习的氛围渗透到教师和学生的教学方式和学习过程中,逐渐建构起民主平等、合作共享、自主学习、不断创新等特色鲜明的虚拟共同体。教师可以根据学生的学习基础和个性化学习需求,创建个性化网络课程,为学生提供针对性更强的学习资源。

依托MOODLE平台,实施"前移后续"教学,突破课堂学习空间的限制:创建预习资源,开展师生互动——教与学前移。教师为了教会学生思考,在课前预习资源中结合教材向学生提出一系列针对性问题。学生在试图解决这些问题的过程中,提出自己不懂或教师未曾想到的问题,并上传到MOODLE平台,这不但提高了学生探索问题的能力,而且还培养了学生发现问题、提出问题和解决问题的能力。师生就某一问题进行问卷调查与投票。为了检测学生预习的效果,教师可以设计预习检测的环节,以了解学生对学习内容的掌握情况,更有针对性地进行课堂教学。

课堂教学——重在合作探究。在学生预习基础上,利用MOODLE系统的小组功能,根据学生的学习兴趣、学习基础,将学生分入不同的小组,每个小组创建不同的教学情境,引导学生对预习的成果进行交流、共享,对学生容易感到疑惑的教材重点、难点问题进行同伴互助、合作探究,在完成教材内容的基础上进行适度拓展。

拓展教学时间、空间与内容——教与学后续。使各层次的学生在课后对所学知识进行梳理的基础上,进行量力而行的拓展。利用MOODLE平台,为各个层次的学生拓展创设学习任务。后续的内容应包括:学生对课堂学习的小结、反思与提升;师生通过讨论区、聊天室,对某一问题进行进一步的研究与讨论,进行异步、同步互动;师生共同建立基础性、提高性、挑战性等多种拓展资源和拓展活动。

学校的MOODLE网络教学平台自2012年开放之后,已被全国61所职业院校选用,目前注册教师数1327人,注册学生数28922人,建成网络课程472门,其中浏览量超过10万次的课程有21门。全国19所国示范学校151名教师基于MOODLE平台,组建了《电机与电力拖动》《电气CAD》等10门课程的教学联盟,共建共享教学积件1519个、习题4105个、实训项目方案57个、教学案例文档65个、考试考核习题45套、技能竞赛方案6套。从2012年试点MOODLE平台应用,到2015年全面推进MOODLE课堂,学生学习兴趣显著提高,探究能力明显增强,整体学习成绩提升明显,学生评教、教师评学的优秀率都有较大提高。见图6—5、图6—6。

此外,课外网络线上自学和课内线下教学相结合的混合式教学模式在众多职业院校开展实施。在混合式教学模式中,教师引导学生主动学习,促进课堂"教"与"学"目标的翻转,即将"课堂"变"学堂",老师由"演员"变"导演"。教学过程由"重教学任务完成"转变为"重知识内化,重学习方法掌握",实现"教师少讲,学生多学"的目的。福建省化工学校慕课混合式教学平台已建网络课程有30多门,班级应用推广率达到了31%,教学平台的访问量超过200万人次。

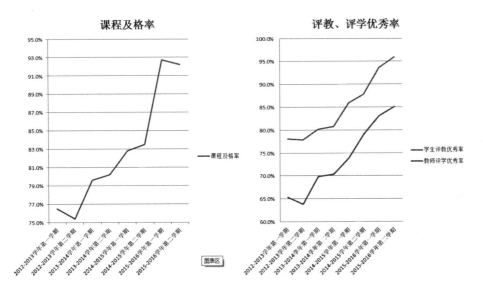

图6—5　MOODLE网络教学平台对学生学习的影响(1)

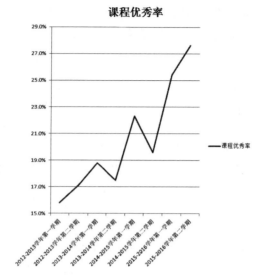

图6—6　MOODLE网络教学平台对学生学习的影响(2)

集美轻工业学校和厦门工商旅游学校利用"MOODLE"教学平台开通了90多门课程,学生通过平台自学任务单和完成测试等环节,教师可以根据学生测试情况有针对性实施教学,每个学生根据自己实际情况选择学习内容,达到因材施教的目的。

(三)O2O 的混合式学习模式实践

北京工业职业技术学院自2007年以来,定制开发了网络教学综合平台和数字化学习中心,开展"纯线上学习"和"线上线下结合"混合学习模式。目前开发的O2O课程全部上线,全校实现Wi-Fi全覆盖,满足移动学习和碎所有上线课程按照课前、课中、课后系统设计。学校网络教学综合平台提供了自定考核标准、学习行为监控、数据统计监管等功能,适合O2O、泛在学习等混合教学模式,目前支持已开发69门网络课程运行和使用。平台上的课程长期滚动建设以及教学资源的积累与共享,支持教与学过程跟踪统计,实现教学过程与评价展示相结合,支持情景创设、问题提出、自主学习、协作讨论、多元化评价等全部环节,突出师生互动与协作,有效培养了学生的学习能力和沟通协作能力。见图6—7和图6—8。

图6—7　数字化学习中心

图6—8　移动学习APP

平台建立了一个集O2O课程、教学资源库、精品资源共享课、教学大赛获奖作品等资源于一体的深度立体化教学资源总库。见图6—9和图6—10。

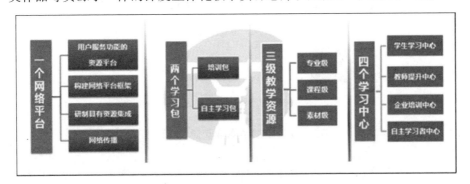

图6—9　教学资源库构架

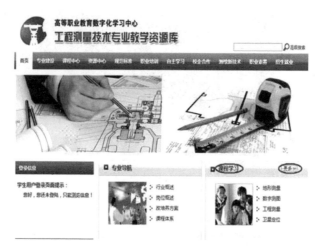

图6—10　教学资源库界面

截至目前,学校已累计投入1000多万元建设70多门O2O优质课程。其中,有7门课程2010年被评为国家级精品课程,单年度获国家级精品课程的数量名列全国高职院校第一。刘兰明副校长开发的《职业基本素养》精品资源共享课配套教材,是全国职业院校公共基础课第一本注有二维码资源索引表的适合线上线下学习的数字化教材。见图6—11。

图6—11　国家级教学资源共享课程

在"O2O"模式中,15门通用基础课及专业基础课选课人数已20000多人次,课程访问数平均已超 7281 次/科,课程总体访问数达 1345130 次,占到在校生总数 99% 以上。见图 6—12、图 6—13、图 6—14、图 6—15 和图 6—16。

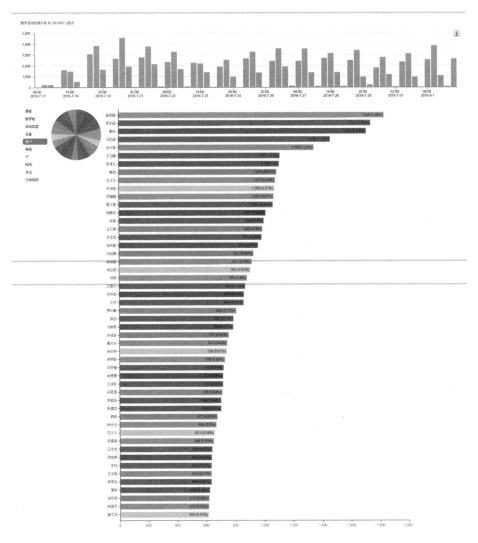

图6—12 平台活跃用户统计

以 2016 年 7 月 6 日到 8 月 25 日的学生学习基础课程内容应用情况为例:

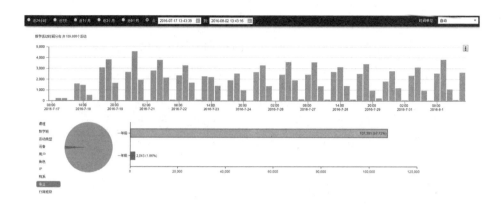

图6—13　年级活动数统计

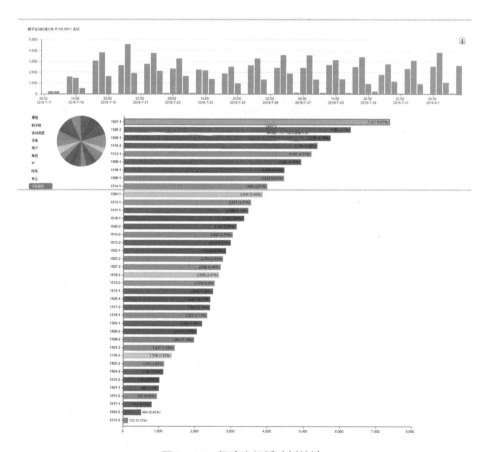

图6—14　行政班级活动树统计

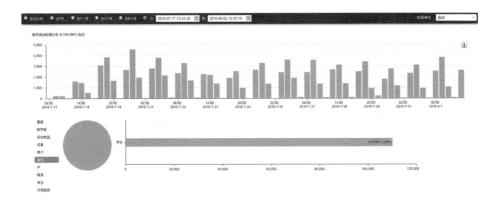

图6—15 学习活动总数统计

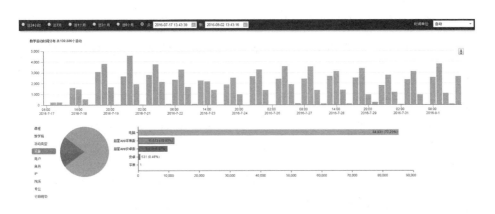

图6—16 学习使用设备统计

学校应用CDN网络传输能力保证资源访问速度,构建了覆盖服务器资源、存储资源、平台软件资源、课程辅助资源的SaaS云服务能力;实现了基于云架构高并发服务能力;形成海量课程资源整合和学习过程数据记录的大数据管理能力。有效实现学生学习进度监管,学习行为督导、前、中、后期访问、学习、评价数据统计、运行分析、教学反馈与改进。

该模式在有效满足全校学校6000多师生O2O教育模式应用基础上,还积极服务社会培训和技术服务需求,满足我校"强军育才"工程的教学应用,有效实现了课上课下、校内校外、学校社会的资源共享。

二、2017年面向实践教学的应用创新

实践教学是职业教育的特色,也是职业教育热点难点较多的环节。针对实践教学中的问题和难题,不少地方、学校探索创新出解决实践教学的做法和经验。

(一)虚拟仿真实训系统的"辽宁模式"

如何建设真正符合职业教育教学规律、满足人才培养需求的优质虚拟仿真实训系统,是我国职业教育面临的普遍而亟待解决的问题,辽宁省从2006年至2017年间,集全省之力累计投入2.5亿元,专项实施职业教育虚拟仿真实训系统建设与应用。系统所有项目统一采用B/S架构,利用虚拟现实技术建立仿真的工作场所(环境),以虚拟仿真职场或岗位以及工作过程等虚拟仿真训练、跟踪考核为核心,以网络平台为媒体通道,实现虚拟环境下的职业或岗位系列活动的虚拟仿真实践训练。系统从创造实践教学环节学习环境视角描述实践教学平台,从学习服务视角描述开展实践教学的具体做法,创新了基于虚拟仿真实训、顶岗实习的职业教育教学模式,建立了以虚拟仿真职业活动为主线,现代信息技术与教学实践科学相融合的新的教学形态,从观念、过程、方法等层面赋予了教学新的内涵,有效解决了职业教育教学实践存在的诸多难题,有力推动了全省职业院校教育教学改革与创新。职业教育虚拟仿真实训系统有9个专业大类数字化虚拟仿真实训系统和加工制造、交通运输、石油化工、土木水利、信息技术、财经商贸、农林牧渔等7个专业大类虚拟仿真实训基地,惠及千余所学校、企业的数千万学习者,形成了以"政府主导、顶层设计、专家引领、学校承接、企业参与、共建共享"的资源研发"辽宁模式",形成政府与学校、学校与企业上下联动和深度融合的新型组织体系及研发机制。虚拟仿真实训系统解决的三大实训问题:

一是解决了实训"黑箱"问题。实训"黑箱"即"看不见"(复杂的机构不能拆卸)、"进不去"(一些工厂、工地学生很难进去参观学习)、"动不了"(一些昂

贵的设备、仪器学生很难在现场操作）、"难再现"（一些故障、事故及小概率事件,难以在教学中再现）等实际问题。虚拟仿真实训系统植根于现代化职业教育教学新理念,采取了虚拟仿真项目教学、案例教学等各种形象化教学手段;运用先进软件技术,创设虚拟情景,活化了的三维实训场面;依靠强大的素材支持,实现技能点的突破,专业核心能力的训练。在实际应用中,虚拟仿真实训系统所独具的情景再现、重复操作、过程跟踪、体验学习、绿色实训等特点,有效地解决了实训教学中普遍存在的实训设备设施及场所不足、实训名师短缺、消耗过大、环境污染、实训时间不充分、实训操作不规范等诸多难题。

二是解决了实践教学效率问题。虚拟仿真实训系统采用虚拟现实技术,在虚拟环境下可自由操纵场景中的对象,并进行人机交互、人机对话;实训考试考核实现智能化、标准化、随机化,并可提供海量试题。打破原有课程体系,以工作过程与任务导向为主线,构建起理实一体、虚实结合的实训新形态、新模式,实现教的轻松,学得积极,考的快乐。

三是解决了教师业务能力提升问题。仿真实训以现场实际为依托,再现了现场操作过程,提高了教师对当前现场变化的认知速度;突出了学生岗位操作核心技能,指明了教师下现场学习技能的方向;展示了新厂房、新设备、新工艺、新仪表、新量具、新材料,开阔了广大专业教师的眼界与视野,更新了教学内容;推出了最新实训教学改革方案,为教师主动进行教学改革,提供了有效的示范;实现了智能化考试考核,考题科学、相对海量、相对完整、相对全面,激发了广大职业教师提高教学质量的主动性和热情;采用先进的、最新的计算机虚拟仿真技术,激发了广大职业教师学习计算机、现代教育技术的积极性。

自虚拟仿真实训系统应用以来,取得了显著效果:

一是惠及范围广,应用效益高。成果在全省231所学校、1536个专业点全面推广应用,834家大中型企业利用成果软件开展职工培训260万人次。建设成果惠及了机械、石化、建筑等行业及省外数百所职业院校。统计表明,实训教学效率提高20%以上,学生获得相应岗位职业资格证书率提高10%;每年节约水、电、耗材、人力成本等折合人民币4000万元以上,减少实训垃圾1万吨,降低实训安全事故发生率60%以上。

二是引领了改革，锻炼了队伍。依托虚拟仿真实训系统的开发与应用，组织开发了60个信息化环境下的人才培养方案和300余套配套教材；促进了116所学校与318个大中型企业的深度融合；建设了292个虚实结合的生产性实训基地；融入社会各种资源组建了辽宁柏年职业教育信息化研究院，建立了由50名教育技术和职业教育专家、企业和IT精英组成的信息化专家库；打造了103个数字资源研发与应用团队；有37名专业骨干教师成为全国相关行指委委员，90%以上的专业教师具备了数字教学资源应用与研发能力，在历届全国职业院校教师信息化教学大赛中辽宁代表队均取得优异成绩。

三是社会影响深远，示范作用突出。虚拟仿真实训系统是我国职业教育信息化建设中一项重大突破和创新。2013年，国务院副总理刘延东对辽宁职业教育信息化建设做出重要批示，并给予充分肯定。辽宁省职业教育信息化工作多次在全国各类会议和培训等做现场展示和专题报告。《人民日报》、中央电视台、新华社、《光明日报》《中国青年报》,等国家主流媒体对成果进行专题系列报道。31个省市有关领导,1000多所院校的同行，前来考察学习。2014年，《辽宁省职业教育数字化实训教学资源建设与实践》获得2014年度职业教育国家级教学成果奖一等奖。

（二）校企共建的互联网+教学示范中心

《国家中长期教育改革和发展规划纲要（2010—2020年）》明确指出："信息技术对教育发展具有革命性影响，必须予以高度重视。"高校信息化建设已步入"互联网+"阶段，用互联网思维促进高等职业教育教学的创新与变革，校企携手共建在线共享型优质教学资源，探索"互联网+"时代下的校企合作新思路显得尤为重要。2014年开始，广东顺德职业技术学院制冷专业与美的集团中央空调事业部联合共建制"冷产品学习体验中心"（以下简称"中心"）。中心利用先进的信息化手段和工具，实现从环境（网络基础、设备、课室等）、资源（课件、视频等）到活动（教、学、管理、沟通、办公等）的全部数字化，成为美的全球同步培训中心以及全国35所高职同类专业的"互联网+教学示范中心"，见图6—17和图6—18。1年多来，该教学示范中心运行及教学培训效果良好。

图6—17 商用多联式空调电气测试与　　　　图6—18 热泵热水机电气测试与
　　　　诊断实训室　　　　　　　　　　　　　　　　诊断实训室

中心以"未来课堂"的方式,利用移动互联网技术——二维码,改革教学活动,将学生课前学习—课中学习—课后学习融合起来。

学生课前学习需要平板电脑或手机,通过无线网络结合二维码等快捷路径对预先制备齐全的教学资源包括文本、动画和视频进行访问和自主学习,见图6—19。预先在实物设备上贴上二维码,学生若需要对该设备进行学习,只需要用手机扫二维码即可进入相关资源库进行学习,学习直观快捷。

图6—19 设备二维码

课中学习落实在教师的任务布置和分解,以及学生的讨论和计划制定环节上,见图6—20。将多联机实训室作为授课教室,教师通过电子白板、投影等手段给学生进行内容讲解和任务布置,同时通过移动摄录工具对教

图6—20 教师任务布置和学生小组讨论场地

师的授课进行记录,编辑后上传资源库,方便学生课后重听或者方便其他地区未现场参与培训的学生学习。中心教学、培训具有远程直播互动功能,一些优质共享课程,其他高职院校同类专业的学生可在线观看中心的实训教学过程。如果对方学校也有相应的设备,还可以同步进行实操训练。对美的企业而言,遍布全国及海外的经销商每年都需要培训,也可利用本中心的在线直播功能进行培训教学,从而充分利用互联网带来的教学便利,提高教学效率,使得更多学生及企业学员受益。

课后学习要求学生完成课后任务,并进行汇报和考核评价。学生在相应的实验实训中开展任务,见图6—21。同时用手机等工具进行过程记录,完成任务后制作PPT等进行汇报演讲,汇报可以在多联机室(授课教室)完成。本环节需要用到的仍然是手机、录像机等录像设备,电脑等资料整理和制作设备,以及投影、白板等展示工具。

图6—21   学生在教学实训中心

(三)移动学习模式的实践探索

近年来,移动学习模式在职业院校中大规模地推广应用,学习空间、教学空间建设也加快了步伐。一方面,越来越多的学生通过智能手机或平板电脑等移动网络终端收看慕课、微课、网络公开课、精品资源共享课等在线开放课程,激发了学习者的学习积极性和自主性。另一方面,移动学习模式以方便、快捷的特点给学习者带来了学习新体验,越来越受到高职院校学生的欢迎,发展空间广阔。

　　课堂与课下移动网络学习结合的"O2O"教学模式(简称移动学习教学模式)是天津电子信息职业技术学院多年的实践探索。学校坐落在国家现代职业教育改革创新示范区——天津海河教育园区,是100所国家示范性高等职业院校之一。移动学习教学模式利用现代信息技术,在有线无线等多种宽带网络接入、支持移动应用、网络化管理和专业数字教学资源丰富的数字校园环境下,打造了满足移动学习的网络支撑平台,进行专业教育教学改革,成效显著。

　　1.移动学习教学模式的基础建设

　　校园实现有线、无线网络全覆盖。10000个信息点和2400个AP,出口带宽584MB,多线路冗余优化,满足了10000名在校生和500名多教职工移动互联应用的需求。全校网络在线用户5000多人,移动办公、移动学习形成常态。信息中心整合信息化基础设施,集中管理。万兆双核心交换,光纤到教室,高性能服务器20余台,虚拟化部署学院各部门应用服务器,共享光交换双网络,存储有效空间60TB,电教录像设备10台,网络录播直播系统两套。经历了全国大运会的网络直播和历年全国职业院校技能大赛的网络直播,具有较高的网络使用率。

　　采取购买和自主开发相结合的原则,建设数字校园应用系统。发挥专业教师在开发应用软件系统的优势,开发了天津市高职院校数据采集管理系统,示范校建设项目进度网络管理平台以及人事、科研、教务、学籍等管理系统,见图6—22。

图6—22　数字化校园各平台

　　2.移动学习的网络空间构建

　　学院构建了公共、班组和个人三级共享的校园私有云平台,探索云服务和教学资源共享模式。利用私有云开设了教师的备课空间和共享空间,教师可以随时随地从云中获取教育教学所需的各种材料,并和其他教师分享自己的教学资源。利用虚拟桌面构建学生网络学习空间,方便学生在线自主学习。已建成网上教学资源平台,见图6—23。教学资源平台包含有校内精品课程

152门、校外共享课程500门、微课程30门、通识课程10门,并链接了世界知名的在线课程网站。作为国家数字化学习资源中心示范试点校,为其提供了共享资源课程22门,在爱课程网站上线了4门国家级精品资源共享课程。

图6—23   学院网上教学资源平台

移动学习基于学院教学资源学习平台和资源库,开展课程教学。如《高等数学》课程开发了微课、教学课件、习题库、数学软件使用、实训项目等课程资源,并具有在线测试等功能。见图6—24和图6—25。

图6—24   高等数学资源平台   图6—25   手机APP移动学习

教师开发了手机APP软件,制作了与教学单元和知识点相对应的二维码,学生用手机扫描二维码,即可实现泛在学习,见图6—26。

图6—26　手机APP图

建成了课程网络直播平台,实现了课堂教学的网络在线同步直播,具备了跨校选课学习的条件,实现了在天津海河教育园区内5所高职院校高等数学课程的课堂教学在线同步直播,见图6—27。

图6—27　课程网络直播平台

3.移动学习在现代学徒制人才培养模式中的实践应用

移动学习改变了学生的学习方式与教师的授课形式。当下不少职业院校正在探索以移动学习为支撑的新教学模式,有效利用学生的电子产品,将其作为移动学习的工具,构建云端平台下的移动课堂教学新模式,为微课、慕课、翻转课堂的教学实施搭建良好的平台。其中,将移动学习与现代学徒制紧密结合、协同发展,赋予现代学徒制新的内涵就是一种探索和深度。以南通职业大学化工专业课《化学检验技术》为例说明移动交互式教学模式的实施过程。

教师创建移动班课。首先,学生下载并安装云班课客户端APP,教师在班级学生中发布云班课邀请码,学生通过邀请认证后在APP中加入云班课,见图6—28。

图6—28　手机课程平台

课前深度自主学习。《化学检验技术》主要是培养学生熟练掌握现代化学检验技术,熟悉化工产品相关质量标准,使学生具有高水平的化学检验技能和良好的职业素养的一门化工专业课。这门课程采取任务驱动、理实一体项目教学的形式。《化学检验技术》的移动交互式教学实施过程,见图6—29。每开展一个项目之前,教师通过平台给学生发放任务书。学生通过平台阅读立体化教材,查找GB,学习教师PPT,观看课程录像、微课、Flash等途径来完成任务书;也可通过答疑空间随时随地进行师生、生生互动;还可通过自主测试检验自主学习效果。教师通过观察移动课程平台学生的浏览痕迹了解学习进度,

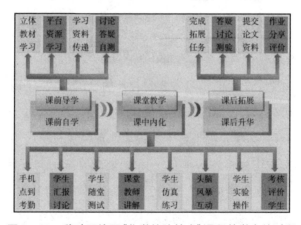

图6—29　移动环境下《化学检验技术》课程教学实施过程

督促学生按时完成任务。平台将自测成绩和学生提交的任务书自动上传到云平台,供教师评价反馈,从而对学生的学习需求进行正确评估。

课中内化。进入课堂教学之前几分钟,采用手机签到考勤,考勤结果记录在课程平台。进入课堂后,教师和师傅共同组织实施项目任务。首先,将学生分组,小组代表汇报任务书完成情况,然后讨论、发布题目测验,教师根据测验结果确定项目的重难点,进行分析讲解,并展开头脑风暴、投票、计时测试、结果点评以及师傅示范操作后指导学生操作练习等教学活动。任务完成之后,对学生进行评价。评价包括自我评价、小组评价和教师+师傅评价等。

课后拓展升华。教师创建一个主题或发布拓展任务,学生利用移动学习平台学习、提问、讨论,最后形成作品或小论文提交至课程平台,教师对其评价并将优秀作品发布到平台给学生分享。

科学的课程考核评价机制。课程考核成绩由过程考核和期末考核确定,由于移动学习资源库的建设,过程考核环节可以贯穿于课前、课中、课后,具体考核细则见表6—1。期末考核分为理论机考和操作考核,机考题目保存于移动课程平台考试系统题库中,学生考试时随机抽取,每位学生的题目都不同,避免了学生间抄袭作弊现象。最后,学生学习本课程的最终学习效果由行业专家进行职业技能鉴定,学生通过考核可以获得化学检验工国家职业资格证书。

4.移动学习的网络教学平台建设实践

为提高教育教学质量,推进课程教学改革,推动学校信息化建设步伐,提升广大教师对现代化教学技术和手段的应用能力,菏泽家政职业学院探索建立了移动学习模式下的网络教学平台。

护理专业学生人均拥有移动学习终端设备(包括笔记本电脑、智能手机、平板电脑等),其中,智能手机拥有率为95%。学校校园网为三层网络交换架构,可保障教室、宿舍、餐厅、图书馆和校园内部分区域无线网络连接。拥有智能手机的学生中开通手机包时或包流量业务的比例为100%。学校网络中心配备多台服务器,可供存储教学资源。学校电教中心设有专门的录播设备和视频编辑设备,并有专业的电教技术人员数名。

表6—1　课程考核环节及细则

考核	课程成绩评定											化学检验工国家职业资格证书
考核环节	过程考核									期末考核		技能鉴定
	课前			课中				课后		期末		课程结束
考核项目	看教材、课件、录像等	课前学习效果	任务书完成情况	点到考勤	讨论互动头脑风暴	实验操作	课堂测验	技能应用	小论文	理论考核	实践考核	
考核形式	平台浏览	平台自主	教师在线	手机考勤	平台汇总	个人评价 小组评价 教师评价	平台汇总	实操	平台汇总	机考	实操	机考+实操
分值占比	5%	5%	10%	5%	5%	10%	5%	10%	5%	20%	20%	
考核时间地点	任何时间地点	任何时间地点	任何时间地点	教室	教室	教室	教室	企业质检处	任何时间地点	任何时间地点	实训室	学校+企业
评价人员	教师	教师	教师 师傅	教师	教师	教师 师傅	教师	师傅	教师 师傅	老师	师傅	行业专家

基础护理学是高职护理专业的核心课程,也是主干课程,知识量大、实践操作内容多。为使学生成长为掌握基础理论知识和基本操作技能的实用型护理人才,必须注重培养学生的实践操作能力。在实际教学中,教学视频资源发挥了重要作用。视频教学的引领示范对学生操作能力的提升非常有益,学生可以根据需要,课下反复浏览相关视频资源。如将医院真实护理情景拍成视频资源,向学生展现,或通过网络收集真实病例和场景图片,让学生加深体验,也更能吸引学生学习探究的兴趣。在传统的演示教学过程中,学生可以使用手机拍摄教师的操作演示过程,以便课下多次观看学习。但由于拍摄质量不佳,会影响课堂教学效果。若将教师演示视频做成系列课程,则能达到更好的效果。基础护理学课程教学对移动学习模式有实际需求。

通过近两年的探索和应用,菏泽家政职业学院基础护理学课程的移动学习资源平台从无到有,内容从简单到丰富,使用效果也越来越显著。对护理专业学生进行的问卷调查统计结果显示,学生的平台注册率和使用率均达到100%,使用满意率达88.2%,提交全部作业的人数占全部注册人数的91.5%。实践证明,移动学习模式得到了学生的普遍认可,在激发学生学习热情和提高学生自主学习能力方面都能够起到积极的促进作用。

(四)教学空间建设的实践探索

常州旅游商贸高等职业技术学校的教师信息化教学空间建设实践是常州市重点改革创新项目之一。项目以"教室数字化、资源网络化、教材电子化、管理现代化"为目标,整体推进教育资源公共服务平台和教师个性化教学空间建设,探索实行空间教学。

1.教学空间的基础建设

学校按照"3721"信息化建设规划,建成了千兆核心、千兆主干、百兆桌面、1300M移动、电信双路接入系统,开发建设了校园信息发布平台、网上OA办公系统、移动APP、教学管理系统、教学监控系统,提高了教学管理的效率。同时引入了与专业相关的大量课程数字化教学资源、移动图书馆、中国知网数据库、电子图书。学生可以利用手机、平板电脑和校内外公共场所电脑登录校园网,查阅到最新的图书,进行自主学习。具备了教师开展翻转课堂、课件制作、慕课等信息化背景下的教学研究条件,为教学空间应用于课堂教学打下了坚实的基础。2013年11月超星教育资源公共服务平台在学校正式上线,平台为用户提供在线阅读、上传下载资料、收藏、评分、评论等操作。教师可以根据需要按年级、课程来聚合更新海量相关试题,并实现按关键词搜索。

2.以应用为目标的教学空间

教学空间的建设关键在于应用,应用是建设的动力。教学空间是一种基于互联网的信息化教学与学习的环境,能为老师、学生打造个性化的主页,记录学习历程。应用教学空间同实际教学紧密结合,教师按照自己的教学进度布置课程通知、教学内容、学习资料,布置、批改作业,公布学生成绩等,通过答疑、讨论等功能模块与学生进行互动,可随时对学生的成绩、学习情况进行统计,实现课前准备,课堂展示,课后反馈等翻转课堂式教学新模式。在教学空间应用中心,集聚教学互动、自主学习、资源应用等的众多APP,可以轻松获取。学校在2014年5月面对全省多所职校举行了"基于学习空间的职教翻转课堂"的第六届教学开放日活动;2014年12月承办了全省职业学校信息化研讨会,学校四位教师的"基于教学空间的信息化课堂"在大会上进行了示范课展示;2016年省市教学信息信息化大赛中的8位教师在江苏省职业学校教学大赛的课堂教学大赛、教学设计大赛、微课大赛等项目中获一、二、三等奖;12位教师在常州市职业学校教学大赛的课堂教学大赛、教学设计大赛、微课大赛等项目中获奖,3位教师在江苏联合职业技术学院的教学设计大赛、常州市第二届优秀微课展评等项目中获奖。

3.教学空间的实施成效

实现了网络通识课的全校任选。从2015年9月起,学校引进了超星尔雅慕课平台上的《民俗资源与旅游》《大国崛起——中国对外贸易概论》等七门通识课程供学生网络选修,实现了优质课程的网络授课与学生在线自主学习,学生利用业余时间根据自己的兴趣选课学习,主要采取过程考核办法,每学完一节参加本节练习、测验与交流,按视频观看40%,测验25%,学科考试30%,师生互动5%来计算总成绩,及格的同学得到相应的学分,不及格的同学不得参加补考,后面学期可继续选修,这为教师幕课制作、网络课程开发提供了很好地借鉴。

推进了学校的教学改革。2014年以来,学校以教学空间作为提升课堂教学改革的抓手。在学校取得的江苏省两课评比7节示范课和14节研究课中,有一半以上的教学设计用到了教学空间。经过建设和推广,已建设了20门课程的教学空间,教学空间的使用率达到了30%。在个人空间建设过程中,每一位老师在其空间里都建设自己所任课程的教学资源,到目前为止学校在建的课程已达到150多门。学校围绕空间的建设与应用组织了翻转课堂、教学做一体化、过程性教学等课堂模式改革,极大地提高了学生学习的兴趣,学习的主动性得到了很好的加强。随着课程教学资源的日趋完善,老师在上课时可以随时调用自己的教学资源来实施教学,也可以调用其他老师的教学资源进行补充,在高效共享教学资源的同时,使教学内容不断更新,教师充分利用教学空间实施学生学业水平的多元化评价,教学方法与手段不断改进,全方位提高教学效果。

实现了课堂教学的延伸。教学空间突破了现有教育模式的时空限制与学习方法的限制,使学习资源无限丰富,并可充分利用碎片时间,促进了教与学、教与教、学与学的全面互动,让学习者消除学习上的孤立无援的寂寞感,增加了学习者的学习兴趣。网络学习空间整合了各种优质的教育资源,最大限度地满足学习者的需要。传统的教学方式,在老师离开课堂后,学生希望和老师交流,想再次查看老师上课时使用的教学资源,相当困难。但有了教学空间后,学生可以利用空间与老师实现交流互动,在课后查看老师的教学资源,利用空间上交作业和实验报告;老师则直接在空间中实现批改。这样一来,教学和学习不仅仅局限于课堂45分钟的时间,只要有网络,随时随地都可变成课堂。

(五)基于多彩学习空间的课程改革

多彩学习空间建设是常州刘国钧高等职业技术学校进行国家中等职业教育改革发展示范学校特色项目的数字校园建设,也是学校智慧校园建设中智慧教育教学的重要组成部分,是个性化、智慧化学习形态的探索。多彩学习空间以"在线课程、数字化教育资源、仿真实训环境"等为建设重点,促进师生在课程、教学、实训等各环节中的协同与交流。在多彩学习空间,师生进行网上交流学习,不受时空限制。

1.多彩学习空间架构

学校数字化校园网有线无线全覆盖,千兆到楼宇、百兆到桌面,通过电信、移动、中国教育科研网三百兆光纤接入互联网。配备教学专用数字投影仪、音响设备等160多套,一线教师配备专用笔记本电脑近260多台;各个专业拥有各自的网络机房,共有机房27个。新增协同办公系统、教学评价系统、综合教务系统、综合学工系统,将信息化办公与管理覆盖全校所有部门;构建统一认证系统;实现信息及时推送;重建了资源库管理平台,上传管理全校各专业各类资源。见图6—30。

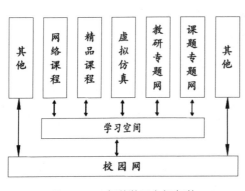

图6—30 多彩学习空间架构

2.多彩学习空间资源建设

学校出台"信息化建设课程改革工作量计算办法",依托多彩学习空间,以项目立项的方式逐步推进信息化课程资源建设,以"应用"为导向,深度融合MOOC(在线课程)、翻转课堂等前沿教育理论,实现信息技术,虚拟仿真与理论学习一体化;依据信息化课程资源的建设原则,逐步建设课件库、教案库、习题库、试卷库等资源库。此外,江苏省"3+4"中职与本科衔接试点班3个班级的所有任课教师,均在此平台上建立所任学科的课程网站,并用翻转课堂的教学模式进行教学实践。

信息化课程资源如视频、动画、PPT、图片等是信息化课程内容的载体,为实现学习效果,学校遵循信息化课程资源的直观性、序化性、多途径、小型化四大建设原则,建成七大类资源。见图6—31。

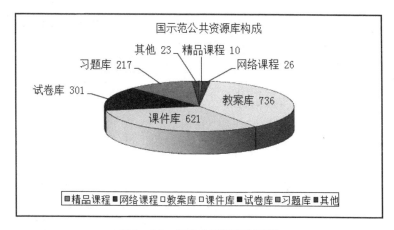

图6—31 信息化课程资源建设

3.多彩学习空间课程建设

学校充分利用多彩学习空间开展教学。利用信息化课程资源,运用多种学习方式设计学习过程;重视学生个体自主探究、体验合作等学习行为的产生,培养学生信息化环境下自主获取并应用信息的发展能力。尝试进行信息化课程改革的课程共有34门,其中,全面实施的课程有9门,正在建设的网络课程有25门。

基于多彩学习空间,围绕"翻转课堂"进行教学模式探索。以课程网站为依托,把课堂教学和在线学习两种学习模式有机整合,体现"学生为主体、教师为主导"的教学原则。既可以发挥传统学习模式中教师引导、启发、监督教学过程的主导作用,又能体现学生在学习过程中的主体性、能动性和创造性,二者优势互补,产生较好的学习效果。"翻转课堂"教学模型,将教学过程分为五个阶段:内容分析阶段、教学设计阶段、课前准备环节、课堂活动设计、课后环节。

以《VB程序设计》课程为例,该课程以多彩学习空间内的资源库管理平台为依托,构建网上学习资源,上传学习内容以及微课视频,发布学习任务,见图6—32。

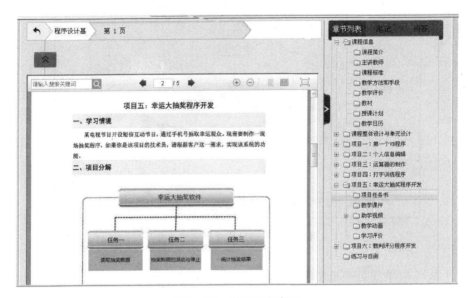

图6—32　学习内容资源

　　课前,学生登录多彩学习空间,对学习任务进行主动学习。通过查询、浏览的方式,从资源库中获得自己需要的资源,学习相关的知识和技术,完成相关的学习任务。对于学习过程中遇到的问题,学生通过网络在线学习平台以文字的方式提出,让同学和老师帮助解答,见图6—33。

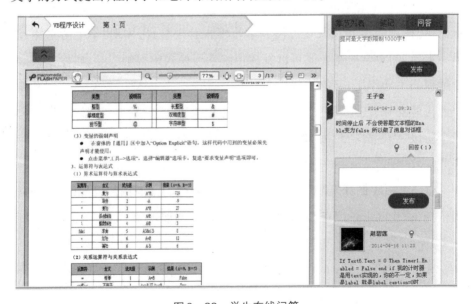

图6—33　学生在线问答

　　课中,教师首先导入情境,展示项目内容,分解学习任务;然后利用网络在线学习平台,对学生课前自学情况进行检查,了解学习过程中遇到的问题,见图6—34。接着学生团队展示学习成果,见图6—35和图6—36。教师结合学习任务就学习中存在问题进行分类,给出详细解答,并举一反三,帮助学生融会贯通相关知识点,形成完整的知识链。

图6—34　检查课前学习效果

图6—35　学生展示学习成果

图6—36　课后测试

　　课后,教师发布在线测试内容,由学生独立完成,见图6—37;并启动在线学习评价,让学生在线进行互评与自评,见图6—38。

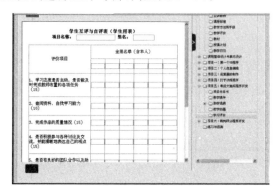

图6—37　在线学习评价

图6—38　学习情况汇总

阶段性学习结束,网络在线学习平台将反馈学生的测试成绩及汇总统计结果,让教师了解学生的学习效果与学习状况,为下一个学习阶段的学习内容做准备。

4.多彩学习空间建设成效

学习过程中学生角色发生改变。基于多彩学习空间的信息化课程改革,由封闭的课堂走向开放多元的网络世界,改变了学生的学习态度和学习方法,让学生在学习过程中扮演的角色发生了重大转变:由被动接受者转向主动学习者,由共性化学习转向个性化学习,由继承性学习走向创新性学习。

教学过程中教师角色发生改变。多彩学习空间下教学方式的探索,让教师在教学思想、信息化技术应用等方面都有了显著的变化:从传统的课堂教学方式,转变为信息化教学方式;从简单的PPT内容展示,转变为丰富多彩的网络内容展示;从千篇一律的灌输式讲解,转变为个性化的引导式学习;从面向个别课程内容的课件制作,转变为面向整体内容的课程建设。伴随着这种由内而外的转变,教师积极参加信息化教学大赛并获得国赛一等奖1个,二等奖1个;省赛一等奖3个,二等奖2个,三等奖3个。

5.对多彩学习空间建设的反思

多彩学习空间的建设与推广,是在现有信息化技术层面上的一种应用探索。随着更新更高技术的应用,多彩学习空间、学生个性化学习也将必然发生新的变化。但在建设上和应用上还有较大的提升空间。

一是师生的信息化应用能力需要与时俱进。需要学校进一步完善相应的信息化应用激励政策,鼓励师生在日常工作生活中积极应用信息化技术,并定期对全校师生进行最新的信息化技术能力交流培训,召开各种信息化技术应用的研讨会,将信息化应用能力潜移默化为个人的基本素养。

二是学生主动学习的能力需要长期培养。教师应在日常教学过程中改变评价方式,以学生学习的全过程和效果为评价对象,利用信息化手段记录学习状况、跟踪学生学习的全过程,让学生可以从评价中及时了解自己的学习状况,有目的地调整自己的学习方法,有效地控制学习进度,从而促进学生主动学习能力的培养。

三是空间资源的展现方式要更科学更有吸引力。多彩学习空间中的资源，尤其是各类课程资源，都需要从激发学生兴趣的角度出发，以音视频、图片、动画等直观的方式进行展示，减少学习过程的枯燥感。此外，空间平台的交互性要加强，更要符合普通用户的操作习惯，包括内容显示方式、信息查询方式，以及空间内页面的访问方式。

三、2018年职业院校智慧校园实践探索

2018年度职业院校在构建智慧校园、智能学习空间，变革时空教学环境，开展自主学习和个性化学习等教与学的活动等方面，在教学管理、人才培养、学习环境等方面的应用融合上，在提高人才培养质量。实现优质教育资源与网络教育服务新模式的应用融合上，积极探索，形成了新经验、新模式。

（一）"543融创拓"智慧校园建设新模式

常州信息职业技术学院设计了具有普适性的智慧校园整体架构，开展了信息设施、应用平台、业务模块、教学资源和大数据建设，并广泛应用于教育教学过程中，实现了协同教育发展的科学决策和精益管理，形成了智慧职教的"543融创拓"模式。

学校坚持"网络无处不在、学习随时随地、管理规范智能、服务便捷高效、生活绿色和谐、模式创新创造"的理念，建设了以"一站（门户）、五平台（阳光院务、网络学习、和谐校园、平安校园、节能校园）、三中心（教师发展、学生服务、创新创业中心）"为架构的智慧校园应用平台，支撑支持了教学、科研、管理、服务的数字化、网络化、智能化、创新化。

1."543融创拓"模式的创新点

一是创新了数据支撑、精益管理的管理方式，实现了行政权力、公共服务阳光运行和网上信息透明公开，降低了管理成本，提高了办事效率。同时积累了大量即时数据，通过数据挖掘，形成了对管理和服务有效地决策支持，形成了螺旋阶梯式上升的校园精益管理方式。

二是创新了家校协同、校企联合的育人方式,为学生营造了随时随地的学习环境;首创网上预科,使已录取的新生在家就能修学分,带着学分来报到;首创网上家长会,让家长及时了解到学生的相关信息;开发了顶岗实习管理平台,使得校企联合育人的目的落到实处。智慧校园的育人模式实现了"家校企"的信息对称,为学生构建了从入学前到毕业后的全程培养。

三是形成了线上线下、以人为本的职教新生态。借助智慧校园为各类用户提供线上线下结合的个性化服务,极大拓展了校园的时空界限,实现了以人为本、和谐共享、可持续发展的智慧职教新生态。

2."543融创拓"模式的应用效果

一是有效提高了人才培养质量。学生在全国职业学校技能大赛、全国"挑战杯"等累计获特等奖、一等奖138项;109名学生获国际知名企业高级以上职业资格认证;孵化培育大学生创新创业企业148家,近300名学生成为企业法定代表人或合伙人。学院被评为"全国高职院校创新创业示范校""省深化创新创业教育改革示范校";大学生创业园被评为省互联网众创园、大学生创业示范基地、大学生创新创业示范园。

二是有力促进了师资队伍建设。教师在省级以上教学竞赛中获一等奖及以上奖项30项,32人入选省"双创""333"等高层次人才项目;实现科研和社会服务到账经费1.03亿元,累计承担市厅级以上纵向课题150多项、横向课题400多项,其中,国家自科基金项目2项;教师累计获专利授权1021件(其中发明专利62件)。

三是提升了教育教学改革水平。共建成国家重点专业8个和实训基地4个;省级品牌专业2个、重点专业群4个、高水平骨干专业5个、产教融合实训基地2个、人才培养模式实验基地2个和省级基础实验教学示范中心1个。建有国家精品资源共享课3门、省级精品课13门、省级在线开放课6门;国家精品教材1部、省级精品(重点)教材30部,"十二五"规划教材26部。

四是形成了一批技术应用成果。由学校牵头编制的国内智慧校园首个省级地方标准《高等学校智慧校园建设与应用规范》(DB32/T 3160—2016)正式发布;系列著作《大数据时代下的智慧校园》基础篇、应用篇已公开出版;1项发明专利、7项实用新型专利已授权；12项自主研发软件获国家软件著作权。

(二)课堂教学诊断与改进的实践探索

天津市第一商业学校紧紧围绕课堂教学这一核心，充分挖掘并发挥信息化技术对于课堂教学改革的助推、监控作用，通过"数据监测、分析、反馈、调整""四步循环"的教学模式，创新课堂模式，做到学生主动学、有的学、学得会、有兴趣，提高课堂教学质量。

1.信息技术与教学深度整合的新模式

学校从教学设计为抓手，突出以学生为本，深度考量每一个学生的特点，运用信息技术精准定位学生学习的重点、难点，让每一名学生都能找到自己合适的学习进度，将抽象的知识可视化、碎片化，提高学生学习成效。

依托课程平台改革课程设计。课程实施以课堂教学形态为切入点，借助软件工程"低耦合高内聚"观点模块式细化教学环节。课程内容确定后使用相应计数模块进行设计，同时选取数据点进行检测采集，最后进行分析。总体整理为：课程环节细化、课堂教学设计、选取相应技术模块、实时监测分析统计。见图6—39的《计算机网络技术》的展示。

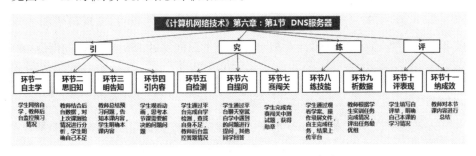

图6—39 使用课程平台进行课程设计过程

依托数据平台，精准自我诊改。通过课程平台中提前设置好的数据监测点进行实时数据监测，通过数据监测得出的大量数据进行降噪、可视化分析。从而从不同角度部分别分析每一个知识点、每一个学生的学习情况，做到分层教学、个性化学习，实现学生、教师、课堂"三层面"分析。

通过每个知识点/技能点的数据监测、对标，每一节课教师的自我课堂教学诊断与改进,每个月及一学期的自我诊断,环环相扣,做到课程教学实施中的"大环套小环,小环保大环",促进教学质量螺旋上升。

通过课堂上的数据采集,可以得到大量的即时数据,方便进行实时及课后数据分析。通过数据分析可以得到每一名学生在教学活动中的状态和发展趋势,见图6—40;通过数据分析可以得到教师在教学活动中的状态和发展趋势,见图6—41;通过数据分析可以对课程实施质量和教学效果进行有效评价,见图6—42。

2.信息技术与教学深度整合的显著成效

从学生传统的耳听、笔记变成了听、看,甚至手动操作的全方位的感受。学生课余学习兴趣提升,学生由过往的不愿学不想学不方便学转变成有兴趣学,主动学随时学。

从传统的学习记录检查到通过平台进行实时跟踪分析。学生的学习日志,包括学生访问了这门课程几次、在何时何地进行访问等信息教师都能够在系统中方便地查询到,其中也包括了学生参加各种教学活动的情况。

从人为划分学习小组到通过平台自动分组,实现公平分组,增强团队合作意识。小组既能公开也能封闭起来,与各种教学功能模块相配合,教师就能开展以小组为单位的小组协作探究模式的教学活动。

从固定项目评价到自由组合出不同的评

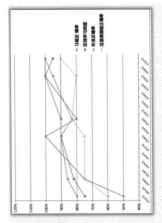

| 日期 | 预习 | | 学生学习活跃度 | | | 资源使用率 | | | 作业完成情况 | | | 课堂吸收率 |
	在线预习模块浏览时长(分钟)	习题正确率	论坛讨论次数	在线提问次数	参与小组讨论次数	资源访问次数	资源登录时长(分钟)	在线学习进度	作业完成时长	作业上交情况	作业正确率	当堂检测正确率
4月11日	2:13	50%	2	1	3	1	5:16	75%	12:40	按时上交	80%	60%
4月13日	8:20	75%	3	0	1	3	3:10	82%	18:32	按时上交	86%	75%
4月18日	6:05	100%	2	4	5	3	8:04	90%	20:07	按时上交	90%	75%
4月20日	4:13	80%	1	1	3	2	9:14	90%	15:40	按时上交	83%	83%
4月25日	13:40	100%	4	0	5	1	10:12	100%	10:00	按时上交	95%	80%
4月27日	10:02	100%	4	0	4	1	9:48	95%	12:05	按时上交	100%	90%

备注：以上数据均取整数，时长数单位为分钟

图6—40　某学生4月份课程学习状态监测数据

日期	教师活跃度				资源建设情况			作业布置批改情况			课堂吸收率（课堂检测）		
	论坛讨论次数	在线答疑次数	发布助学资源数量	师生互动回复率	资源上传个数	资源播放总时长	教学资源类数	作业题目数	作业批改率	个别辅导人次	优秀率	及格率	不及格率
2017.4.11	13	12	5	86%	17	19:23	5	6	100%	2	18%	84%	16%
2017.4.13	18	14	8	93%	20	9:00	8	8	100%	3	15%	77%	23%
2017.4.18	26	12	12	100%	24	12:00	6	4	95.40%	1	25%	87%	13%
2017.4.20	22	10	6	67%	18	7:30	9	6	97.70%	4	17%	92%	8%
2017.4.25	30	14	9	77%	18	6:58	6	8	100%	2	30%	93%	7%
2017.4.27	34	16	14	80%	22	8:10	8	8	100%	1	25%	88%	12%

备注：以上数据均取整数，时长数单位为分钟

图6—41 教师教学情况实时监测数据

日期	预习			学生学习活跃度			资源使用率		作业完成情况			课堂吸收率
	在线预习微课录音时长	论坛讨论次数	习题正确率	在线提问次数	参与小组研讨次数	资源访问次数	资源登录时长	在线学习进度	作业完成时长	作业上交率	作业正确率	当堂课验证正确率
2017.4.11	5:07	4	58%	1	2	3	5:16	62%	12:40	100%	74%	60%
2017.4.13	4:12	2	67%	1	1	2	3:10	68%	18:32	95%	86%	75%
2017.4.18	5:05	5	45%	2	3	3	8:04	77%	20:07	93%	67%	72%
2017.4.20	5:40	4	71%	1	4	3	10:02	76%	19:40	100%	89%	86%
2017.4.25	6:13	6	69%	2	5	4	10:12	79%	18:38	90%	83%	79%
2017.4.27	6:27	2	73%	2	4	4	9:48	84%	12:05	100%	92%	90%

备注：以上数据均取整数，时长数单位为分钟

图6—42 全体同学课程学习状况监测数据（人均数值）

估方法和策略,实现教学评价与教学过程的全融通。平台具备两种评价方式:分数制和等级制,教师在系统中开展的所有教学活动,都能使用这两种评价方法。教师也能够根据课程教学的实际情况,自由地组合出不同的评估方法和策略,如总结性评价,过程性评价,同学评价,教师评价以及集体评价等,帮助教师发现并快速解决学生在学习过程中遇到的疑难。

从多课一测到一课多测:由传统的一个章节一测试,转变为一节课测多次,上课随处可见测试、竞赛闯关等环节,随时监控知识点/技能点掌握情况,可以关注到每一个孩子的学习情况。

从教师有限的一对一互动到无限可能的同时一对多、多对多、一对一等多模式互动:如课程平台中的论坛、聊天室、Wiki小组协作等模块的应用。

从课后评价到"课前—课中—课后"的全过程性评价:课前预习,可以观测学生的课前复习时长,参与度;课中可以随时检测知识点/技能点的掌握情况;课后通过提交作业,论坛交流考查学生课程掌握情况。

从教学反思的滞后评价到教学环节的全程实时诊断评价:由传统教学的课后反思改进,转变为每个教学环节的检测诊断,根据学生掌握情况,随时调整教学方法、手段、时长,进行改进。

从记分册式的成绩汇集到可进行不同班级、专业、年级等多维度大数据积累与分析。由传统的记分册登统学生成绩,转变为通过平台后台数据采集每个学生每个环节的成绩、参与度,使成绩汇总、分析更加方便快捷。

(三)基于混合式学习的实训课教学模式探索

实训教学具有"进不去、看不见、动不了、难再现、难测量"的难题,北京市劲松职业高中找准信息技术与教学内容的融合点,探索形成了基于混合式学习的实训教学模式。见图6—43。

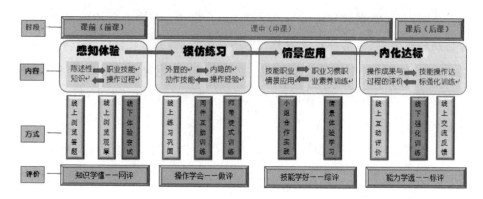

图6—43   "基于混合式学习的技能习得型专业课"教学模式

1.实训课混合式学习的特征

实训课程的混合式学习是基于实训课在学习内容、学习过程和学习环境方面特征,将各类技能学习资源、技能学习方式和技能学习情境进行多元、多层次和多维度混合而开展的一类混合式学习。其具有"三重混合"的特征:

一是各类技能学习资源的多元混合。实训课程的混合式学习依赖更为复杂多样的学习资源,主要包括信息类资源、软件类资源、实物类资源和人员类资源四大类。见表6—2。在实训课程学习中,教师和学习者根据学习的不同内容和阶段,在四大类技能学习资源范围内,进行不同资源的选用与组合,从而实现学习资源的多元混合。

表6—2   实训课混合式学习资源类型表

资源种类	具体内容	呈现形式
信息类资源	承载文化背景、理论原理、操作技术等陈述性知识和展示技能操作过程、工作完成过程的文字、图片和视频、音频资料	数字化呈现 纸质形式
软件类资源	辅助技能学习的学习平台、专业软件、手机APP等	数字化呈现
实物类资源	技能操作的原料、素材、成品、工具、设备等	实物呈现
人员类资源	有职业经验的双师型教师、不同特长的学习伙伴、行业专家或企业技术人员	现场呈现 在线呈现

二是各类技能学习方式的多层混合。将电脑网络学、面对面听讲学、自主操作学、同伴互助操作学、模拟生产学、强化训练学六种学习方式进行三个层次的混合。见图6—44。

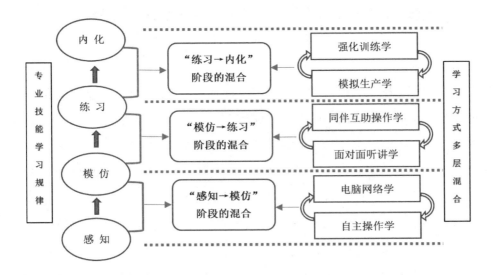

图6—44　实训课学习方式三层次混合图示

三是各类技能学习环境的多维混合。进行网络平台学习空间和课堂学习空间的混合应用、理论教室学习与专项实训室学习的混合应用和模拟实训室学习和企业实训基地学习的混合应用。

2.基于混合式学习的实训课教学模式特征

在教学环节上,遵循技能学习规律,将整个教学过程划分为感知体验、模仿练习、情景应用和内化达标四个环节,充分关注实训课教学内容的复杂性,在各个环节的实施中实现了学习内容的多层次混合。在学习方式上,构建了一个相对开放的学习方式体系,充分鼓励教师利用线上学习、线下学习、自主学习、合作学习等方式的具体组合,创造性地引导学生实现多种学习方式的混合。在学习评价上,根据各个环节不同的学习内容与方式,实现了网络评价、技能操作评价、工作过程评价、成果效果评价、项目达标评价等多种有效评价方式的混合。

例如"操作难点受困型"实训课,其共同点是技能学习难点由于客观条件所限,传统教学方式无法有效突破。对于此类实训课,学校进行了有效探索。钢琴调律课程"标准音取音训练"一课,教学难点是准确分辨琴弦振动频率和音叉振动频率,对标准音进行精准调音。如在教学中采用传统操作步骤,对于缺乏经验的初学者来说,很难掌握这一技能。教师借助信息化手段,引入专业调律软件,借助软件数值变化,让学生自主进行精细化训练学习,轻松有效解决了教学难点。

再如"学习时空受限型"实训课,其共同点是由于技能本身的难度与容量,很难在有限的课堂时间完成学习,但传统教学和学习方式无法有效支撑课前和课后学习。中餐面点"蒸饺的制作",捏褶儿是关键技能,学生单靠课上很难扎实掌握。教师课前将关键技能视频上传至学习平台,学生仿照视频尝试操作进行自主学习,并将学习成果提交至平台讨论区后师生共同点评。课上针对课前练习出现的问题,师生共同探讨并观看微视频,教师传授技能技巧经验。学生分组操作时视频循环播放,学生可随时进行学习。课后拓展学习中,学生还可学习视频加强练习持续改进,最终达到制品标准要求。信息技术有效支撑起学生的课前、课中、课后学习,拓展了学习的时间和空间,弥补了传统实训课程受时空限制、技能训练与知识内化不够的缺陷。

(四)基于"人工智能"的教学工作状态数据采集与应用

上海信息技术学校以"建立内部教学质量保证体系"为设计初衷,全面分析教学工作诊断与改进关键要素,围绕提高课堂教学质量这一核心目标,对教学全员、全过程、全方位进行状态数据伴随式无侵入感知采集、分类识别与分析,利用"人工智能"深度学习技术,创建师生教学行为模型,形成师生教学行为大数据。通过这些教学工作状态数据的采集与应用,把互联网+、云计算、物联网、大数据、人工智能技术有机融合,借助可视化分析方法进行教学数据决策分析,架构基于数据分析的质量监测与决策大数据平台,构建起教学诊断仪表盘,质量改进驾驶舱,以达到改善办学条件、完善保证体系、健全运行机制、规范教学管理、提升师生素养、优化专业结构、改进教学方式、提高教学质量的目标。

1.教学工作状态数据的建设

大数据时代,按照数据采集与处理的理念,重点关注教学活动全员、全过程、全方位的数据,关注数据的变化趋势、采集效率,关注影响教学质量因素之间的相关性,以此确定源头数据的性质、种类和范围。

根据"智慧校园"的整体设计方案,首先对教学工作状态下产生的数据进行分类:按照数据产生的应用来源分为教学数据、学习数据、管理数据、科研数据、服务数据等类型;按照数据结构属性分为基础数据、状态数据、资源数据、行为数据;按照数据产生的环节分为结果性数据和过程性数据;按照数据结构分为结构化数据、非结构数据和半结构化数据。见图6—45。

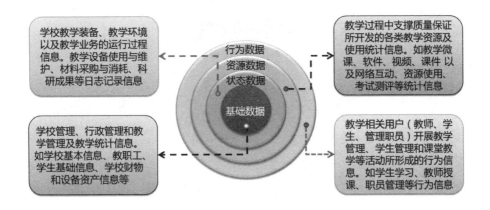

图6—45　教学工作状态数据结构模型图

根据数据的不同数据类型,遵循感知程度、科学规范、及时有效的原则,选择数据采集的方式方法:

基础信息数据:是指学校人才培养工作状态数据的基础信息。通过人工采集或自动采集的方式从学校教学管理系统、行政管理系统的数据API获取,主要包括学校基本信息、教职工、学生和教学设施设备、环境条件、专业、课程等基础信息数据。

运行状态数据:是指教学设施设备、环境以及教学管理、应用业务的运行状态数据。学校通过UHF RFID和"人脸识别"技术设备,识别与跟踪其运行状态,主要包括教学设施设备的定位、使用和故障维修状况的识别;学生进出校门、学生宿舍、教学场所、图书馆等活动跟踪以及生活消费记录;教师和管理人员进出校门(含车辆)、巡视教学活动以及教学进程的时间、移动轨迹等运行状态的日志记录。见图6—46。

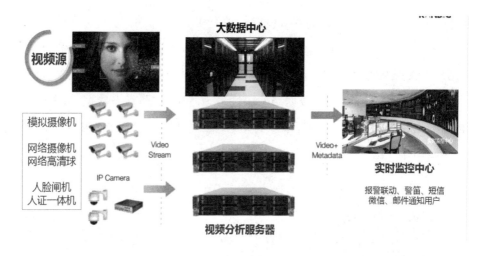

图6—46　人脸识别技术原理图

教学资源数据：是指支撑教学正常运行，持续提高教学质量所需的专业（学科）教学资源数据。主要有管理制度文件、教学课件、教案、微课、MOOC、教学软件、教学视频、图片照片等教学资源。教学资源可自主开发，通过人工方式上传至学校数字媒体在线教育资源平台，也可使用如中国职教 MOOC、学堂在线等数字资源，采集师生个性化教学资源使用记录，跟踪学习轨迹，生成学校的教学资源使用统计数据。

教学行为数据：是指教师、学生和教学管理人员，在进行相关教学实体活动时的行为数据。主要有教师的教导行为、学生的学习行为和管理人员的服务行为数据，均属于非结构化数据，利用人工智能、大数据技术对教学活动采集的数据进行行为视频分析和语音识别，形成教学行为数据。基于课堂"教"与"学"的行为数据监测与分析是教学质量监测系统着重研究的方面，旨在建立教学质量改进的大数据监测系统。

2.教学工作状态数据的采集

近几年，学校教学活动产生的音视频数据可以用海量来形容，然而大量的视频数据难于长期保存，且无法得到有效的应用，主要原因是音视频数据为非结构化数据，无法进行分类、索引，其存储与分析需要大量的时间和经济成本。大数据时代，人类的数据驾驭能力面临新的挑战与机遇。在此背景下，学校教学质量监测系统与诊断系统应运而生。

　　教学质量监测系统基于人工智能,采用多种并行计算技术,集群化计算方式,具有海量实时数据的快速分析能力,根据应用需要进行线性扩展,支持海量视频摄像头的接入,能对学校的教学实时状态数据进行音频识别和视频图像分析、分类存储,支持更好的数据挖掘和分析利用,能对教学不良状态起到提前预警的作用。

　　架构基于大数据的课堂教学体征智能诊断系统,能采集课堂教学全员、全过程、全方位音视频、照片等过程化数据,采用语音识别、视频智能分析等人工智能技术对这些数据进行数据清洗、数据转化、价值挖掘,形成教师教导和学生学习的行为画像,预测教师教学效果和学生学习成功概率,教学干预与改进提供精准支持、智能化服务。见图6—47。

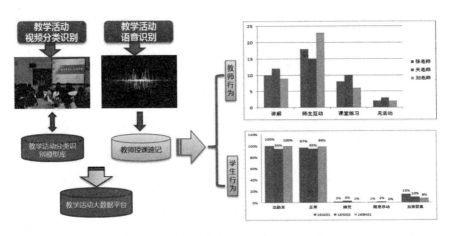

图6—47　课堂教学体征诊断系统模型

　　而教学体征智能诊断系统是一套无侵入式课堂教学全方位音视频智能识别分析软件,系统结合最前沿的智能视觉分析技术与模式识别技术,在网络摄像监控系统的基础上,利用人工智能的深度学习技术,能够采用纯视频的方式,在远程分析中心,对异地的多个视频数据采集区内发生的各类学生行为进行智能识别分析,实现对课堂教学体征进行实时监控、数据采集、自动预警、智能分析,将教学行为的识别分析与发现由"事后"转为"实时",还可以通过异常抓拍,分析潜在的威胁,实现提前预警通知。见图6—48。

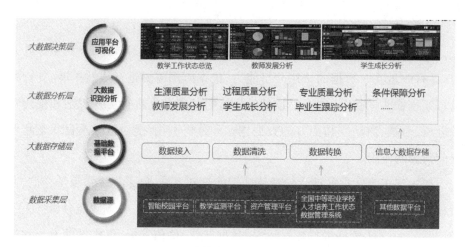

图6—48 课堂教学体征智能诊断系统架构

3.教学工作状态数据的应用

一是学生学习行为画像。在课堂教学中,采用数据决策的教学是未来教育的基本模式。教学工作状态数据可应用于对各个班级学生的学习行为进行画像,包括课堂纪律、学生课堂出勤、听讲、随意走动及睡觉行为。形成学生学习能力和学习持续性画像,了解班级学生在指定时间段的学习参与度,预测学习成功概率。通过进一步深度挖掘这些行为数据与学期教学质量的相关性,可以帮助教师更好地为学生的学习投入和发展服务。同时,通过班级学生数据的分析,可诊断到教学不良状态的班级,并给其早期预警。见图6—49。

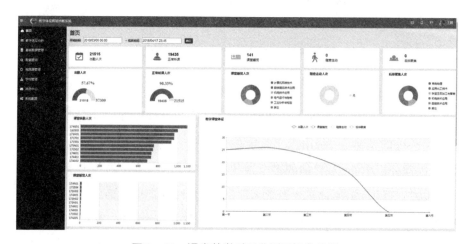

图6—49 课堂教学质量监测可视化分析

应用：开学初，教学体征智能诊断系统反映出173F11班出勤率偏低，这一情况引起教学诊改部门关注。经深入了解，发现173F11班都是去年11月刚入学的来自云南对口支援贫困地区的学生，学习基础参差不齐，学习能力差异性也很大。对此，学校委托督导召开学生座谈会，在摸清学生状态的基础上，召集教务、系部相关人员，召开专题研讨会，对173F11班的教学进行了及时干预和调整。通过适当降低教学要求、加强课后辅导、班主任加强教育管理等措施，经后阶段持续跟踪，该班的课堂学习状态渐趋稳定。

二是教师教学质量改进。课堂是教学的主战场，课堂模式基本决定人才培养模式，而人才培养目标的达成度取决于教师课堂教学的质量。教学工作状态数据可应用至对每位教师教学质量的客观反映。采用语音识别技术对教师授课的全程音频进行识别，形成教学授课状态大数据，再进行数据深度挖掘、数据转化，与教案设计的教学目标、教学内容进行对比分析，实现教师教学目标达成度和工作投入度的精准预测。见图6—50。

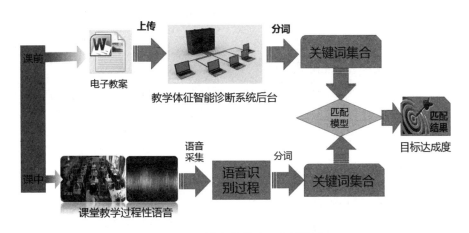

图6—50 课堂教学质量诊断模型

应用：教师讲课、学生回答问题和师生互动时长，讲课内容与教学目标、教案设计内容的吻合度。寻找教学行为与教学质量的关联性、挖掘教学规律、精准预测教师教学投入变化趋势，并进行及时有效干预。

三是学校教学质量诊断与分析。教学质量是学校生存和发展的生命线。教学工作状态数据还可以应用至学校教学质量的诊断与分析，通过大数据决策分析系统平台,智能生成教学质量诊断分析报告,包括一定时期内教师课堂教学行为分析报告、学生学习行为报告和教师课堂教学目标达成质量报告、教学设备运行、使用与运维报告,通过可视化技术呈现,为学校提升管理水平、教师改善教学方法和学生成绩早期预警提供大数据决策。

四、2020年在线教学实践探索

2020年因新冠肺炎疫情影响,职业院校与全国其他各级各类学校一样,开展了大规模互联网学习。在疫情期间,国家数字化学习工程技术研究中心通过对203个国家级职业教育专业教学资源库项目在线教学运行数据进行实时监测与建模分析,实现对全国超过80%的高职院校在疫情期间在线教学情况的实时掌握;截至2020年4月30日,国家级职业教育专业教学资源库共有注册用户1289万余人,其中教师59万余人,学生1168万余人;累计访问人次超过7亿人次,总访问次数22亿次,用户访问课程总量2.71亿次,用户互动交流次数6866579次。[①]就具体职业院校而言,广东交通职业学院大部分课程采取在线开放课程或"视频直播+在线开放课程"的教学方式。2019—2020年度第二学期全校共762门课,其中视频直播课程4门,在线开放课程536门,视频直播+在线开放课程222门。[②]江苏城乡建设职业学院在2020年2月以来的三个多月中,2018级13个班级,395名学生参加《哲学与人生》这门课的线上教学,参与率达到100%,师生在线活跃,师生访问量共693417次,教师发布讨论话题169个,学生参与讨论14850次。[③]

互联网学习不仅是疫情防控的应急之举,更是教学改革的积极探索。疫

---

① 侯小菊,刘延申,陆尔云.疫情视域下高职院校教师信息素养分析与提升对策——基于203个国家级职业教育专业教学资源库监测运行数据分析[J].江苏高职教育,2020(2).

② 黄炎龙.疫情期间高职院校在线教学方式的探究——以广东交通职业技术学院为例[J].湖北开放职业学院学报,2020(18).

③ 庞清秀.疫情背景下高职院校思政理论课在线教学实践与思考——以江苏城乡建设职业学院为例[J].兰州石化职业技术学院学,2020(2).

情防控期间,各高职院校集聚各方面的教育力量,综合研判互联网学习,积极探索互联网学习的教学策略,不断开展实践中的改革和创新。

(一)云南农业职业技术学院在线教学取得成效[①]

云南农业职业技术学院以"超星学习通""雨课堂""腾讯乐享""智慧树"等教学平台作为授课主要平台开展线上教学。自2020年上半年开学以来,共有332名教师开展线上教学,占全校本学期具有授课任务教师总数的93%,通过"超星学习通"学生身份认证并进行学习的学生总数共计7906名,占全校本学期有学习任务学生总数的100%。仅在该教学平台,开学前四周,学校访问总数达7450万次(云南省各校平均访问量约1200万次),共运行课程2100余门(云南省各校平均运行课程约716门),上传资源7万余个(云南省各校平均上传资源数约为8665个)。学生平均到课率为93.7%,在线教学整体运行良好,平稳有序,授课教师积极投入,学生保持了较高的学习热情。

1.优势互补,搭建"云上学院",加强在线教学技术支持

疫情初期,各大教学平台因访问量暴增导致的网络崩溃和网络卡顿、学生线上学习条件差异、信息化素养等因素都对在线教学的效果和师生参与在线教学的积极性产生较大影响。学校统筹网络教学平台、网络课程建设和网络教学安排,制定网络教学基本要求,提出按周灵活推进教学内容的总体思路;各教学单位负责对本部门开设课程和任课老师进行管理,并配合学院督导部门开展教学巡查;任课教师需要选择学院推荐的、并且适合自身教学情况的线上教学方式和教学平台,开展线上课程建设并完善课程资源,按要求开展教学。除少数不具备开展教学的整周实训实验课外,所有课程均实施在线教学。典型做法包括:第一,开放多平台资源,分流访问。借助"超星学习通""雨课堂""腾讯乐享""智慧树"等教学平台打造"云上学院",充分发挥各平台优势开展教学,累计开放50门在线课程作为公共选修课程。合作开放所有慕课资源,

① 刘锦江,张江荣,霍海龙.疫情下的高职院校线上教学管理创新与实践研究——以云南农业职业技术学院为例[J].云南农业,2020(5).

作为课程建设资源储备,保障教学资源质量。第二,提炼平台功能、化繁为简。进一步发挥"快速建课+示范课程包""雨课堂PPT"等快速入门操作优势,帮助信息化教学基础薄弱的老师迅速搭建了课程平台,同时倡导老师组建教学团队,实现课程共建,充分提升建课效率。实现"六步"建课、建班功能,创设教学空间,降低师生实施在线教学的工作量,最大限度保证师生主要精力投入到"教"和"学"上来。第三,开辟直播通道,拉近距离。为保证直播质量与教学信息通达,增强学生的参与感和归属感,打造"有温度的教学"。教务处利用腾讯微信校园卡及腾讯乐享开设"云农职直播大课堂"校级专门通道,每天遴选2位教师向全校学生开设课程直播讲座和互动空间。自2020年3月2日至4月6日,共进行直播42场,总观看量达194615人次,打造了高效"数智化"教学范式。第四,开展技术培训,强化支持。学校下发培训通知,组建在线教学支持团队,采取专家直播授课等方式为全体教师开展网络教学提供有力支撑。针对常用教学平台,组建微信和QQ群安排专业技术人员随时进行平台使用方法的线上答疑和指导。同时为满足教师网络教学需求,教务处整合网络资源,制定了教师线上自主提升实施方案。针对教师开展线上教学普遍面临的平台使用和技术问题,在开学前后组织全体教师开展了5场线上专题培训,共有443名教师参与,教师平均在线培训时长达209分钟,同时辅以教程、视频、推文、工作手册等形式及时为教师答疑解惑,进一步提升教师信息化水平。

2.引企入教,构建"双线课堂",协同推进在线课程建设

融合、开放、多元的线上教学形态要求专业课程要打破传统章节式的课程体系,以多种形式将课堂教学与真实工作场景相融合。为此,学校积极搭建"灵活互融"的柔性课程体系,打造线上的"职业教育—产业"生态系统,进一步帮助学生了解职业产业动态。针对此次疫情,在推进在线教学的过程中,部分课程还根据不同课程模块需要,校企共建课程标准和模块内容,利用云平台"主讲""辅讲"功能,校、企教师互为助教"共上一堂课",共同推进在线教学的课程建设。

同时学校构建起了以慕课建设为主,直播教学为辅的"两线课堂"。对于网上教学资源相对丰富的课程,我们鼓励通过慕课方式进行快速建课,并根据

学情和教学特点进行适当调整完善。对于线上教学资料不足，无法完全支持学生线上自学的课程，主要采用"线上自学+课堂直播"混合方式开展教学，课堂直播包括视频直播，也可以是"PPT+语音讲解"的方式直播，同时支持直播内容回看，充分照顾网络不便的同学。

3.一课一策，做好"三个衔接"，探索信息化教学新模式

在推进在线教学的过程中，充分利用大数据手段，充分分析学情，实现"一课一对策""一生一方案"，确保每名学生的在线学习效果。第一，做好"小课堂"与"大课堂"的衔接。自3月2日至4月3日，教务处充分利用云农职直播大课堂，通过直播课程将课程思政教育、职业精神教育充分融入知识技能教育，同时将生命教育、防疫科普、心理教育、劳动教育、信息素养教育作为每门课程的重要任务。基于专业知识的"小课堂"与社会背景的"大课堂"有机衔接，打通了课内与课外，有效实现课程思政。第二，做好"线上教学"与"线下教学"的衔接。根据在线教学和课程本身的特点，指导教师合理调整课程教学设计，对课程知识点和技能点进行有效重构组合。以模块化、可自选、理论知识优先作为线上教学的基本原则，突破传统线下教学的思维定式，重点规划课程线上和线下讲授的教学内容和学时分配，通过理论讲解适度提前，实际操作适当推后到学生返校后线下进行，合理重构教学内容体系，为线下教学衔接奠定基础。同时在教学内容上做"减"法，在教学交互上做"加"法。更加强调师生、生生交互的重要性，不断设计精细丰富的教学方案和交互手段吸引学生的注意力，实时和有效积累学生学习成效的数据，为不断推动教师根据实际情况进行实时准确调整提供支撑。第三，做好"居家教学"与"返校教学"的衔接。考虑到学生居家教学受时空分离、学生个体网络学习环境差异、学习能力、自控力等因素影响，线上考核的效度无法保证，学校在组织教师编制学期授课计划过程中，在明确线上考核的同时，强化返校后线下学习的考核内容统一设计。不断深化网络课堂表现、在线活跃度、习题完成度、视音频等非实物作品和过程评价，结合方案设计、远程考试等方式进行考核。让线上教学更加强调获知学生的知识掌握程度而非传授知识本身。努力达到疫情条件下线上教学"实质等效"的要求。同时针对学习困难学生，各二级学院制定了在开学后针对这些学

生进行量身补课的措施,确保不让一名学生掉队。

4.加强联动,构建"四维网格",完善在线课程教学治理

为保障在线教学的有效推进,学校利用在抗疫过程中形成的高效率治理网格,充分考虑学生、教师、学校、企业四大主体的相互关系和其在线上教学中的职能,建立四维立体化网格:

在学生层面,学生导学工作保证了人人入群,"一个也不能少"。首先,以任课教师为主导,组建课程QQ群、微信群,搭建有效沟通渠道;同时为落实学生的在线教学引导,学校开展新学期导学第一课直播,给予同学们在学习信心、学习方法、学习注意事项等方面的相关指导,新学期导学课共有8.1万人次观看并实时互动;此外,不断强化对学生的关心帮扶和心理健康辅导,确保线上教学的顺利进行;最后,教务部门以常规问卷和随机问卷相结合的形式,收集同学学习情况,学习委员按周收集学情信息并上报,形成"学生—班级—课程"学情信息联动通道。根据学情调查与分析,在组合使用线上教学工具时,尽可能照顾到绝大多数同学的学习情况。

在教师层面,以课程为基础,各平台学情数据为每位教师进行实时分析提供了有力支持。任课教师根据学情制定课程教学方案,实时更新调整教学资源,及时进行教学互动;教研室主任负责审核本课程组的全部教学在线教学方案,每周反馈在线教学情况并提出改进建议;各教学部门教学院长(主管教学负责人)负责审核各专业不同课程组的在线教学方案,并对本学院每周在线教学总体推进情况进行监管。形成"任课教师—教研室主任—教学院长"的教情信息联动,不断推动观念更新和教师角色转换,采取更为实质等效的教学方式。

在学院层面,教学院长负责收集学生学情信息,分类核实并反馈至教学质控办;教学质控办负责组织全校在线教学质量监管,形成学院在线教学质量周报;学院分管教学领导负责全院在线教学质量监控、审核学院在线教学质量周报,形成"教学院长—教学督导室—学院"质量信息监控体系。另外在网络教学过程中,学院挖掘和推荐了相关优秀教学案例作为可复制、可推广的典型教学经验在全校范围推广,同时还加强了对平台数据的收集、分析和运用,为教

学质量保障提供有效的数据支撑。鼓励教师采用多工具结合的教学方式,实现留痕管理,保证教学质量稳定可控。引导教师深入挖掘网络教学资源和平台功能,促进教学模式迭代更新。

在企业层面,作为切实承担起校企合作的一方主体,在疫情期间也承担了平台支撑、技术支持、协同教学、技能培训、就业吸纳等多重任务,是确保在线教学实施的有力保障。依托网格化管理,学校与企业一起实现了"横到边、竖到底"的疫情防控期间在线教学治理模式,有效保证了教学质量。

(二)陕西职业技术学院在线教学活跃认可度高[①]

1.在线教学参与广泛,师生认可度近99%

陕西职业技术学院对2019—2020年度第二学期在线教学调研显示,参与教师广泛,平台使用踊跃,普遍认可教学平台基本满足教师开展在线教学。疫情期间,开设421门课程,有378门课程实施了在线教学,参与在线教学的课程占总课程的89.79%。423名教师参与了在线教学。使用2~3个平台开展在线教学的教师占比81.1%,使用1个平台的占18.2%,使用4个平台的仅0.7%。认为在线教学平台功能完全满足和基本满足需求的教师占80.5%,认为勉强满足需求的15.2%,认为不能满足需求仅4.3%。

同时调研发现,在线教学互动数据出现大幅增长,互动活动呈现次数多、类型丰富的特点。职教云和蓝墨云班课平台的数据显示,疫情期间的2020年3月份开展讨论、头脑风暴、提问、投票、作业等活动数据比上学期(2019年9月—2020年1月)讨论活动的次数明显增加,师生在线互动中学生热情度高。师生的教学效果和满意度较高。非常满意、满意和基本满意的教师占99%,学生占98.8%。

2."直播+互动"在线教学模式为主选

76.1%的教师选择"直播+互动"模式,该模式是将线下的教学内容和过程

---

① 任锁平,刘瑞儒,王宇.疫情期间高职院校在线教学实践及启示——以陕西职业技术学院为例[J].职业技术,2020(8).

通过直播平台进行视频或语音在线直播授课,辅助教学平台开展在线实时的讨论、提问等互动活动的线上教与学的过程。例如"汽车发动机构造与检修""电子技术基础""舞蹈""动画短片制作"等课程都采用了此模式,根据课程内容的不同,直播过程中主要采用仿真软件、动作、操作步骤等进行屏幕分享、直播演示。具体为:①选取备用平台,确保在线教学稳定顺利实施;②课程内容切块精简,内容与活动穿插交替,建立较强的关联性;③增加专业历史文化内容,提升学生专业、课程学习获得感和专注度;④结合疫情防控期间优秀模范和事件,开展案例教学课程思政,强化学生职业认同感和爱国主义教育;⑤嵌入有效情景,强化学生问题意识,培养问题解决能力;⑥建立教学互动参与奖励激励机制,通过平台积分、卡片等形式进行激励,激发学生参与积极性;⑦注重课程内容、顺序和活动设计的重构,避免将传统的班级授课直接"搬家上网";⑧利用直播平台或其他工具录制授课过程,供学生进行回看。

12.1%的教师选择"资源+在线直播指导"模式,该模式是指教师利用自有或引入资源构建在线课程,学生通过教学资源进行自主学习,教师通过直播平台同步在线指导的教与学的过程。例如教师自主开发的"创业素养提升"在线开放课程,在面向校外学生选课的同时,构建校内SPOC,学生通过每周的自主学习,将学习中遇到的问题及学习建议发表在讨论区。教师不定期在讨论区进行师生、生生互动交流,针对学生学习轨迹、测验数据和讨论等内容,进行整理分析,每周固定时间根据整理分析的问题和课程内容进行在线指导,并创设情境进行在线的分小组角色扮演,其他学生和教师共同参与评审,不断轮换,提升学生学习的参与感。具体为:①在学生自主开展异步的学习过程中,教师需要通过微信或QQ群及时督促总结、指导学生进行学习,注重培养学生养成定期、按时完成学习任务的习惯和自主学习能力;②及时公布在线课程的每周学习目标、考核要求和测验截止时间等,避免因标准和规则不明确,导致学生无目的盲目学习;③引入资源切忌直接使用,需要教师进行整合筛选和本地化改造;④在线指导内容和策略需要根据学生自主学习数据分析和讨论的整理归纳及时调整。

7.1%的教师选择"学习任务单+学习资源+答疑"模式,该模式是指学生按照教师设计好的学习任务单要求,利用学习资源进行自主学习,教师进行在线答疑的教与学的过程。例如"建筑工程计量与计价"课程,教师课前根据课程内容设计了详细的学习任务单,明确学习内容、要求及需要完成的作业或测验任务等,引入企业真实项目、细化任务分解、自主开发和引入资源相结合,学生依据任务单的指导进行自主学习,并完成相应的学习讨论、作业和测验等,教师根据学生的在线学习情况数据,整理归纳讨论问题,开展线上的答疑互动活动,对任务中学生不易理解的难点问题"不同墙体的计算"进行答疑。具体为:①多采用任务驱动、案例、小组线上合作等形式开展学习,任务、案例选取,贴近学生生活;②引导学生进行知识技能体系结构思维导图绘制,培养学生自主学习能力;③教师要及时进行在线答疑,提升学生学习参与感,加强学习数据的分析,及时调整和优化教学策略;④充分考虑学生学习时间,教师要做好学习材料整合优化,切忌电子材料堆积,造成学生学习负担和焦虑感;⑤在线答疑切忌以教师主观设计问题为主,而是要通过学生学习讨论分析和调研,实现精准化指导;⑥发挥学生干群作用,加强学生学习社区的构建,增强学习临场感。

3.在线教学平台可选择会应用

学校提供了职教云、蓝墨云班课和智慧树三个教学平台,这些平台可进行数据实时督导巡课和数据监测分析,还有腾讯课堂、钉钉、腾讯会议、QQ等多种工具,教师可根据在线教学模式和平台的功能进行合理选择和组合应用。例如"土木工程材料与检测"课程使用QQ+职教云;"玩教具设计与制作"开发了自主的在线课程,通过职教云自主学习,辅助钉钉进行在线直播指导;"民航服务英语"课程采用腾讯课堂+智慧树,同时教学团队还借助KK录像机、爱剪辑、Camtasia Studio等视频录制和剪辑软件自主开发课程视频资源供学生进行自主学习。"电子技术基础"课程教师组合使用腾讯课堂+职教云+微信(辅助)平台,充分利用职教云平台课前—课中—课后的教学组织流程,与企业兼职教师共同组建教学团队,采用任务驱动法,将自主开发的课程视频、课件、实训指导书等资源上传职教云平台,课前学生通过平台进行自主学习和讨论,教师同时上传学习资源至班级微信群,作为学生备选资源学习方案。课中教师利用腾讯课堂平台进行在线直播和答疑,通过屏幕分享功能演示电路仿真软件Multi-sim的虚拟操作,学生可进行同步的模仿练习。为还原真实实训场景,教师利用自备的电路板,通过出镜直播操作演示的方式为学生讲解实际电路板的操作过程和原理。

(三)河北机电职业技术学院在线学习促百万扩招学生高质量学习

高职扩招是党中央、国务院做出的战略部署,是落实《国家职业教育改革实施方案》的重要举措,扩招主要生源对象是农民工、退役军人、下岗职工、新型职业农民4类人员。河北机电职业技术学院把高职扩招作为深化职业教育改革发展、提升教育教学质量的新动力,充分运用互联网,开展在线学习,坚持"标准不降、按需导学、因材施教",推动教学管理实现创新发展、特色发展,为高职扩招教学管理贡献了可复制、可推广的"机电模式"。

1.搭建在线课程选修指导与职业岗位咨询信息平台,促高质量完成学业

为解决扩招生源有着不同的学历经历、技能水平,学习基础参差不齐问题,学院针对招收的退伍军人、下岗职工、农民工和新型职业农民482名学生,搭建在线课程选修指导与职业岗位咨询信息平台,并组建了焊接技术及自动化、新能源汽车技术、机电一体化技术、应用电子技术等10个专业的教学服务团队,团队由骨干教师、专属辅导员和行业企业专家组成,为扩招生源学生提供从学生入校到毕业的全程专属服务。教学服务团队根据学生学业水平、技术技能基础、信息技术应用能力、学习目的和心理预期等的学情分析报告,指导这引起学生合理地进行课程选择,明确岗位发展规划,提出有针对性的培养策略,确定学习目标与学习任务,充分挖掘每一位学生的特长潜质,实施扬长教育,同时补齐短板,以期高质量完成学业。

2.建构"菜单式"课程体系,开展线上线下精准混合式学习

学校根据高职扩招人员学习方式多样的特点,总结近年来现代教育技术经验,构建菜单式精准课程体系,按需导学,将超星高职扩招人员学习平台专门应用于扩招人员教育教学全过程信息化管理。学校借鉴位于美国得克萨斯州的一所在校生接近3万人的大型公立社区学院——圣哈辛托学院(San Jacinto College）"目标指引"式学习社区项目，开发了"菜单式"的课程体系，达成"充分关注个性，按需导学，学生学会选择、学会主动学习"的育人目标。"菜品"制作做到有方案、有教案、有资源、有展示，学生按自主、自愿、自由原则，选择适合"菜单"。系部根据"菜单"确定上课方式，学院跟踪监控指导课程实施，掌握选择"菜单"学生的变化情况，以及时调整课程"菜单"。"主厨"由本校专任教师、行业企业专家担任，选课学生要求达到一定数量方可开课。学生按照自身发展需要，从课程"菜单"选择"对口味"的课程，按照生产、管理一线高素质复合型技术技能人才培养目标，完成专业学习，最大限度地实现所学课程与从业岗位的对接。以学习内容"个性定制"替代学院统一"安排"教学内容，以差别化的教学安排满足个性化的深造需求，以此提高学生学习的积极性、主动性，预期会产生较好的教学效果。

在教学方式上强调统一性与灵活性的融合，注重共性与个性共存，尊重学生在年龄、学习基础、学习能力、学习需求、从业经历、发展方向等方面的实际差异，精准推行灵活多元的教学模式，分类组织校内外的教学活动。针对不同生源和不同的学习要求，精准设计出不同的教学内容、不同的教学进度、不同的授课方式，丰富选修课程资源，构建"菜单式、模块化、学分制、开放型"的精准课程体系，让学生有分级选择的权利，满足他们技能提升的要求或者文化知识提高的要求。配备合适的教师线上、线下同步有效精准教学，精准开展进行个性化辅导，保证学生多形式学习的需求，促进每个学生个性化发展，提升学生的就业技能，最终适应社会的不同需求，为我国经济社会发展提供人才和智力支撑。

学校将扩招人员学习平台与我院已有的网络教学平台打通，实现课程集中面授与分散教学相结合、校内教学与校外教学相结合、线上线下教学相结合、远程直播视频教学等多种授课方式，并配置相应的考试考核方法，实现教学时间、教学模式、教学方法的多元化、多空间化。实行学分制管理。教师可以利用现有的教学资源进行网络授课，可以在课堂教学环节中利用APP进行学生签到、主题讨论、测验、问卷、评分、分组任务等功能。学生可以通过PC端、手机端实现选课和自主在线学习，也可以参与直播课堂进行线上学习，学习方式多样化、多元化,打破了传统教学的屏障,完全符合高职扩招人员的教学特点。同时学院也能够利用平台对学生个体学习数据、课程教学实施数据、学生面授互动教学数据等进行过程性监控。

参考文献

[1] 顾小清. 从辅助教学到重塑生态——教育信息化发展之路[M]. 上海：华东师范大学出版社,2018.

[2] 韩锡斌,葛连升,程建钢. 职业教育信息化研究导论(第2版)[M]. 北京：清华大学出版社,2019.

[3] 教育部教育管理信息中心,数字学习与教育公共服务教育部工程研究中心,百度教育. 2017年中国互联网学习白皮书[M]. 北京：清华大学出版社,2018.

[4] 教育部教育管理信息中心,数字学习与教育公共服务教育部工程研究中心,百度教育. 2018年中国互联网学习白皮书[M]. 北京：清华大学出版社,2019.

[5] 教育部教育管理信息中心,数字学习与教育公共服务教育部工程研究中心,百度文库. 2019年中国互联网学习白皮书[M]. 北京：清华大学出版社,2020.

[6] 教育部教育管理信息中心,数字学习与教育公共服务教育部工程研究中心,百度文库. 2020年中国互联网学习发展报告[M]. 北京：清华大学出版社,2021.

[7] 职业教育信息化课题组. 职业教育信息化研究导论[M]. 北京：清华大学出版社,2015.

[8] 教育部教育管理信息中心,百度文库,北京师范大学教育技术学院. 2016年中国互联网学习白皮书[J]. 中国教育信息化增刊,2016,(12):2-353.

[9] 陈耀华,陈琳. 互联网+教育智慧路向研究[J]. 中国电化教育,2016,(9):80-84.

[10] 耿洁,刘宏杰,王珊珊,等. 职业教育互联网学习的现状与对策研究——基于全国职业院校互联网学习专项调研的分析[J]. 中国电化教育,2017,(6):

30-34.

[11] 耿洁,徐健锐,龚婷婷,等.职业院校互联网学习体验与应用的深度分析研究——基于全国职业院校互联网学习体验与应用的重点调研[J].中国电化教育,2018,(6):129-134.

[12] 耿洁,徐健锐,周颖,等.职业院校师生互联网学习基本素养的调查与分析——基于全国职业院校互联网学习的专题调研[J].中国电化教育,2019,(12):102-108.

[13] 管佳,李奇涛.中国在线教育发展现状、趋势及经验借鉴[J].中国电化教育,2014,(8):62-65.

[14] 何克抗.教育信息化成败的关键在哪里——如何认识信息技术对教育发展具有革命性影响[J].中国教育科学,2013,(8):209-227.

[15] 黄荣怀,刘德建,刘晓琳,等.互联网促进教育变革的基本格局[J].中国电化教育,2017,(1):7-16.

[16] 杨满福.开放教育资源的可持续发展:现状、问题及趋势[J].中国电化教育,2013,(6):63-82.

[17] 杨现民,余胜泉.智慧教育体系架构与关键支撑技术[J].中国电化教育,2015,(1):77-84.

[18] 余胜泉.技术何以革新教育——在第三届佛山教育博览会"智能教育与学习的革命"论坛上的演讲[J].中国电化教育,2011,(7):1-25.

[19] 朱彩兰,李艺."信息素养"概念再梳理[J].基础教育,2014,11(3):72-77.

[20] 何克抗.如何实现信息技术与教育的"深度融合"[J].课程·教法·教材,2014,(2):58-67.

[21] 国务院关于积极推进"互联网+"行动的指导意见(国发〔2015〕40号)[EB/OL]. http://www.gov.cn/zhengce/content/2015-07/04/content_10002.htm,2015-07-04.

[22] 教育部关于加快推进职业教育信息化发展的意见(教职成〔2012〕5号)[EB/OL]. http://www.moe.edu.cn/srcsite/A07/moe_967/s3055/201205/t20120504_136506.html,2012-05-04.

[23] 教育部关于进一步推进职业教育信息化发展的指导意见（教职成〔2017〕4 号）[EB / OL]. http://www. moe. gov. cn / srcsite / A07 / zcs_zhgg / 201709 / t20170911_314171.html, 2017-09-05.

[24] 教育部关于印发《中等职业学校设置标准》的通知（教职成〔2010〕12 号）[EB / OL]. http://www. moe. edu. cn / publicfiles / business / htmlfiles / moe / s4668 / 201008 / xxgk_96545.html, 2010-07-06.

[25] 教育部关于印发《教育信息化"十三五"规划》的通知（教技〔2016〕2 号）[EB/OL]. http://www.moe.gov.cn/srcsite/A16/s3342/201606/t20160622_269367.html, 2016-06-07.

[26] 教育部关于印发《教育信息化十年发展规划（2011-2020 年）》的通知（教技〔2012〕5 号）[EB / OL]. http://www.moe.gov.cn/srcsite/A16/s3342/201203/t20120313_133322.html, 2012-03-13.

[27] 教育部关于印发《教育信息化 2.0 行动计划》的通知（教技〔2018〕8 号）[EB/OL]. http://www.moe.gov.cn/srcsite/A16/s3342/201804/t20180425_334188.html, 2018-04-18.

[28] 中共中央国务院关于全面深化新时代教师队伍建设改革的意见[EB/OL]. http://www.gov.cn/xinwen/2018-01/31/content_5262659.htm, 2018-01-31.

[29] 中共中央办公厅、国务院办公厅印发《加快推进教育现代化实施方案（2018—2022 年）》[EB / OL]. http://www. gov. cn / xinwen / 2019-02 / 23 / content_5367988.htm?allcontent, 2019-02-23.

[30] 中共中央、国务院印发《中国教育现代化 2035》[EB/OL]. http://www.gov.cn/zhengce/2019-02/23/content_5367987.htm, 2019-02-23.

[31] 建设"人人皆学、处处能学、时时可学"的学习型社会[EB/OL]. http://news.cnr.cn/native/gd/20150523/t20150523_518620985.shtml/, 2015-05-23.

[32] 把握机遇加快推进开创教育信息化工作新局面[EB/OL]. http://www.moe.edu.cn/publicfiles/business/htmlfiles/moe/s3342/201211/xxgk_144240.html, 2013-03-31.

附录1

国家示范性职业学校
———————————
数字化资源共建共享计划

中等职业学校

XXXX专业人才培养方案

（黑体,小一号）

（专业代码:XXXX）

（黑体,四号）

牵头编制单位 _____

协作组长单位 _____

方案审核单位 _____

方案编制时间 ___年___月___日

（黑体,四号）

全国职业教育数字化资源共建共享联盟

XXX专业协作组　研制

中国职业技术教育学会信息化工作委员会　指导

编制说明

　　一、本方案供"全国职业教育数字化优质资源共建共享联盟"专业协作组使用。各专业协作组须根据文本编制要求编写专业人才培养方案。

　　二、依据《国家示范性职业学校数字化资源共建共享计划科研课题项目管理办法》(2013年修订)，各专业协作组须聘请第三方机构审核本专业人才培养方案，并报信息化工作委员会备案；须聘请编写顾问，成立专家组，指导协作组工作，并填写在"参与编写人员"中。

　　三、封面中各项内容填写要完整，不能空项。专业人才培养方案封面的专业名称和专业代码依据《中等职业教育专业目录》(2010年修订)填写。

　　四、专业人才培养方案共分"入学对象""基本学制""培养目标""职业面向""人才培养规格""课程结构及教学进度安排""教学建议""考核评价""编写说明""参与编写人员"十个部分，各部分的主要内容和表述形式按照提供的"专业人才培养方案样本"编写。

　　五、方案正文文本格式按照文中标注执行，一级标题用宋体，三号，加粗，行前后间隔1；二级标题用宋体，小三号，加粗，行前后间隔0.5；正文用宋体，五号，行间距固定24，每段开始空两格。

　　六、文本保存时，文件名称按照"XX(课题编号)—XX(专业名称)—专业人才培养方案"命名。

目　录

方案正文

一、入学对象(一级标题:宋体,加粗,三号,行前后间隔1,下同)

【说明:全日制中等职业学校学历教育主要招收初中毕业生或具有同等学力者,基本学制以3年为主。同时,积极推行学分制等弹性学习制度,允许学生采用半工半读、工学交替等方式,分阶段完成学业。】

初中毕业或具有同等学力者。(正文:宋体,小四号,行间隔20,下同)

二、基本学制

学制X年。……

三、培养目标

【说明:中等职业学校培养目标的总体定位是,培养与我国社会主义现代化建设要求相适应,德、智、体、美全面发展,具有综合职业能力,在生产、服务一线工作的高素质劳动者和技能型人才。培养目标须体现职业面向,明确岗位及适应岗位的工作能力,阐明知识、技能及综合能力目标要求。】

本专业主要培养面向XXX,掌握XXX必备基础理论知识和专业知识,具备XXX能力,能从事XXX等岗位工作,达到XXX水平的,德、智、体、美全面发展的高素质技能型人才。

四、职业面向

【说明:就业岗位描述以。写出证书名称及发证机关,可制作图表展示】

(一)就业岗位(二级标题:宋体,加粗,小三号,行前后间隔0.5,下同)

本专业毕业生主要从事XXX工作,也可从事XXX等相关工作,能担任XXX等基层生产、技术管理岗位工作。

（二）继续学习

本专业可续接高职院校的XXX等相关专业，续接本科院校的XXX等相关专业。

（三）证书要求

本专业可获得XXX部颁发的XXX等职业资格证书等。

五、人才培养规格

【说明：基本素养主要包括思想政治素质（社会主义核心价值观、法律意识）、文化科学素养（学习能力、创新意识、人文艺术修养）、职业素质（职业道德、团队意识、人际沟通）、身心素质（身体素质、人生态度、心理调节能力）四个方面。基本素养、专业知识和专业技能的表述可用"具有""具备""了解""熟悉""掌握""运用""能按照……做什么""能利用……做什么""能完成……""根据……完成……"等。】

本专业毕业生应具有以下基本素养（职业道德、通用能力）、专业知识和专业技能：

（一）基本素养

1．……（三级标题：同正文，宋体，小四号，行间隔20，下同）

2．……

3．……

……

（二）专业知识

1．……

2．……

3．……

……

（三）专业技能

1．……

2．……

3．……

......

六、课程结构及教学进度安排

【说明:课程设置与教学须以能力为基础,紧密联系生产劳动实际和社会实践,突出应用性和实践性,建立适应职业岗位要求、满足教育教学需求、促进学生综合能力提高的课程结构。课程结构须作图展示,其中公共基础课程包括德育课、文化课、体育与健康课、艺术课及其他选修公共课程,专业课程包括专业基础课程和专业课,或专业核心课和专业方向课;教学进度表要包括课程类别、课程名称、学时安排、学分、课程学期分布等内容,具体要求如下:

第一,每学年为52周,其中教学时间40周(含复习考试),累计假期12周。1周一般为28学时—30学时。顶岗实习一般按每周30小时(1小时折1学时)安排。3年总学时数约为3000—3600学时。

第二,实行学分制的学校,一般16—18学时为1个学分,3年制总学分不得少于170。军训、社会实践、入学教育、毕业教育等活动,以1周为1学分,共5学分。

第三,公共基础课程学时一般占总学时的1/3,累计总学时约为1学年。允许不同专业根据行业人才培养的实际需要在规定的范围内适当调整,上下浮动,但必须保证学生修完公共基础课程的必修内容和学时。

第四,专业技能课程学时一般占总学时的2/3,其中顶岗实习累计总学时原则上为1学年。要认真落实教育部、财政部关于《中等职业学校学生实习管理办法》的规定和要求,在确保学生实习总量的前提下,可根据实际需要,集中或分阶段安排实习时间。

第五,对文化基础要求较高或对职业技能要求较高的专业,可根据需要对课时比例作适当的调整。实行弹性学习制度的专业,可根据实际情况安排教学活动的时间。

第六,课程设置中应设立选修课程,其教学时数占总学时的比例应不少于10%。】

本专业课程分为公共基础课程、专业课程、选修课程和实训实习(或综合实训)四个部分,其中专业课程分为专业基础课和专业课,或专业核心课和专业方向课。(也可根据专业特点、课程设置要求,制作图形展示,参考图示如下)

本专业修读总学分 X 学分,其中必修课 X 学分,选修课为 X 学分,实训实习 X 学分(实习实训 X 周,1 周 X 学时);实验及实习实训占总学时 X%。

七、教学建议

【说明:教学建议要从课程体系、教学模式与教学方法、信息化教学、教学团队、实训实习五个方面展开,具体要求如下:第一,要概括出构建体系的主要思路及构建原则。第二,要结合专业特点,明确教学模式与教学方法。第三,要写出如何将信息技术运用于教学之中。第四,教学团队须明确生师比例、年龄结构(以中青年为主)、学历和职称结构、双师比例、专兼职比例等。第五,实训实习须明确校内外实训基地要求、长效运行机制,满足实训需求。】

1.课程体系。……

2.教学模式与教学方法。……

3.信息网络教学。……

4.教学团队。……

5.实训实习。……

八、考核评价

【说明:考核评价要体现评价主体、评价方式、评价过程的多元化,要注重吸收行业企业参与,要注重过程性评价与结果性评价相结合,要兼顾校内校外

课程教学各学期周课时及训练项目教学周安排

序号	课程类别	课程名称	学时安排			学分	第一学年				第二学年				第三学年	
			课堂讲授	实验	总计		一		二		三		四		五	六
							理论	实训	理论	实训	理论	实训	理论	实训	实习	实习
							X周	X周	X周	X周	X周	X周	X周	X周	X周	X周
1	文化课程															
2																
3																
4																
5																
	专业课程															
	选修课程															
	实训实习															
总计																

（注：★—考试，☆—考查）

评价的结合,职业技能鉴定与学业考核的结合,教师评价、学生互评与自我评价的结合。同时要将安全文明生产、节约、爱护生产设备,保护环境等意识与观念纳入评价。】

……

九、编写说明

【说明:根据编写实际情况,需要说明的问题。】

……

十、参与编写人员

【说明:参编人员主要是协作组成员。】

顾问:XXX(单位或企业名称)……

专家:XXX(单位或企业名称)……

参编人员:XXX(##学校)　XXX(##学校)……

附录2

国家示范性职业学校

数字化资源共建共享计划

中等职业学校

XXX课程教学大纲

（黑体，小一号）

（专业代码：XXXX）

（黑体，四号）

牵头编制单位 _____

协作组长单位 _____

大纲审核单位 _____

大纲编制时间 ___年___月___日

（黑体，四号）

全国职业教育数字化资源共建共享联盟

XXX专业协作组　研制

中国职业技术教育学会信息化工作委员会　指导

编制说明

一、本大纲仅供"全国职业教育数字化优质资源共建共享联盟"专业协作组的单位使用。各专业协作组须根据文本编制要求编写课程教学大纲。

二、依据《国家示范性职业学校数字化资源共建共享计划科研课题项目管理办法》(2013年修订),各专业协作组须聘请第三方机构审核课程教学大纲,并报信息化工作委员会备案;须聘请编写顾问,成立专家组,指导协作组工作,并填写在"参与编写人员"中。

三、封面中各项内容填写要完整,不能空项。课程名称和课程编号依据《国家示范性职业学校数字化资源共建共享计划科研课题项目管理办法》(2013年修订)的相关要求填写。课程名称须与"专业人才培养方案"中的课程名称一致;公共基础课程编号与课题编码相同,专业课课程编号在课题编码的基础上加"—A01"或"—B01",其中"A"为专业基础课/专业核心课,"B"为专业课/专业方向课,例如"金属材料与热处理课程教学大纲"课程编号为"ZYKC201322—B01"。

四、课程教学大纲共分为"课程适用专业及层次""课程教学目标""课程主要内容及特点""课程学时安排""课程在专业中的地位和作用""课程教学内容及安排""实验实训安排""考核评价方式""推荐教材及参考资料""大纲编写依据与说明""参与编写人员"等11个部分,各部分的主要内容和表述形式按照提供的"课程教学大纲样本"编写。"课程适用专业及层次"中,课程层次是指该课程属于文化课、专业基础课、专业课、选修课中的哪一种。

五、大纲正文文本格式按照文中标注执行,一级标题用宋体,三号,加粗,行前后间隔1;二级标题用宋体,小三号,加粗,行前后间隔0.5;正文用宋体,五号,行间距固定24,每段开始空两格。

六、文本保存时,文件名称按照"XX(课题编号)—XX(课程名称)—课程教学大纲"命名。

目　录

大纲正文

一、课程适用专业及层次(一级标题:宋体,三号,加粗,行前后间隔1,下同)

本课程适用于XXX等相关专业,属XXX课程。(正文,宋体,小四号,行间隔20,下同)

二、课程教学目标

【说明:目标表述要突出重点和难点,简明扼要,最多不超过20条。】

通过本课程的学习,学生能够获得XXX的基本理论和基本知识,初步掌握XXX,具有正确运用XXX的知识。

(一)知识目标(二级标题:宋体,小三号,加粗,行前后间隔0.5,下同)

1.……(三级标题:同正文,宋体,小四号,行间隔20,下同)

2.……

3.……

……

(二)技能目标

1.……

2.……

3.……

……

(三)职业素养目标

1.……

2.……

3.……

……

三、课程主要内容及特点

【说明：突出重点和难点，不超过500字。】

本课程内容主要由XXX等XXX章（或模块、项目）组成。……

四、课程学时安排

本课程总学时XXX学时。

五、课程在专业中的地位与作用

【说明：突出重点，本门课程与专业其他课程的关系，不超过500字。】

……

六、课程教学内容及安排

【说明：该门课程的教学安排要以"章—节—知识点""项目—任务—知识点"或"模块—任务—知识点"形式展开。"教学内容"须以节或其他教学单元为单位填写，"知识点"须以每一个相对独立的知识点为单位填写，同时用"ü"标注是否为"重点"或"难点"，并阐述突破重点、难点的辅助教学形式，如动画、三维、思维导图、视频和音频等。】

七、实验实训安排

实验1：XXX（X学时）	
教学环境要求	
教学目标	
教学内容	
教学实施建议	
实验2：XXX（X学时）	
教学环境要求	
教学目标	
教学内容	
教学实施建议	

八、考核评价方式

【说明：写出本门课程是考试课还是考查课，课程的总体评价框架及实施要点。】

……

课程总学时	课堂讲授学时	实验学时	自修学时	实训教学周数

第一章 XXXX/模块一 XXXX/项目一 XXXX

教学目标	
教学方法	

总学时	课堂讲授学时	实验学时

教学环境要求	

教学内容	学时安排	知识点	重点	难点	辅助教学形式
第一节 XXXX/ 任务一 XXXX/		XXXXXXX XXXXXXX XXXXXXX XXXXXXX XXXXXXX ……			
第二节 XXXX/ 任务二 XXXX/		XXXXXXX XXXXXXX ……			
……					

第二章 XXXX/模块二 XXXX/项目二 XXXX

教学目标					
教学方法					
总学时	课堂讲授学时			实验学时	
教学环境要求					
教学内容	学时安排	知识点	重点	难点	辅助教学形式
第一节 XXXX/任务一 XXXX/		XXXXXXX			
		XXXXXXX			
……		……			

九、推荐教材及参考资料

【说明：与本门课程紧密相关的教材、参考书，以及推荐使用的网络课程等内容。教材、参考书信息包括书名、作者、出版社、出版年月等，网络课程信息包括课程名称及开发单位等。书写格式：张梦欣主编的《金属材料与热处理》，中国劳动社会保障出版社，2011年6月第6版。】

……

十、大纲编写依据与说明

【说明：主要指导性文件及其他要求。】

……

十一、参与编制人员

顾问：XXX（单位或企业名称）……

专家：XXX（单位或企业名称）……

参编人员：XXX（##学校）　XXX（##学校）……

附录3

视频公开课程课堂教学设计活页

视频课程名称		主讲教师	
助理教师		企业教师	
所属专业		专业编码	
所属课程名称		课程类型	□专业课 □专业基础课
授课专业年级		授课时长	
教学目标	（知识、技能、态度目标，要特别注意体现安全要素）		
教学重点			
教学难点			
教学手段	（媒体、材料、设备等）		
突出特色			
学习需要分析	（教材内容分析、任务分析、学习者分析）		
教学评价			
教学过程	时间安排	教学内容	学生活动	设计意图

（注：专业代码采用教育部颁的《中等职业教育专业目录（2010年修订）》）